最強組織をつくる
人事変革
の教科書

これからの世界で勝つ "最強の人事" とは

デロイト トーマツ コンサルティング合同会社

小野 隆／福村 直哉／岡田 幸士

日本能率協会マネジメントセンター

はじめに

人事の存在意義が問われている

　ここ2〜3年、クライアント企業の人事担当役員や人事部長からのお問い合わせ内容が変化してきたことを身をもって感じる。人事を取り巻く環境が劇的に変化しているためだ。

　1980年代までに日本企業は高度経済成長を受けて急速に事業拡大をした。その環境下で、人事に求められた役割は、"年功序列"や"終身雇用"を維持するための、平等・公平性を担保する制度・ルール作りであった。新卒一括大量採用、職能型人事制度、年に1〜2回行われる大規模人事異動、部下を持たないポストの設置などが典型施策として挙げられる。

　その後、バブルが崩壊し、リストラを経験後、2000年〜2015年にかけて、グローバル時代が本格的に幕を開け競争が激化する。大規模M&Aが紙面を賑わす。BRICS企業台頭とともに、グローバル市場でのコスト競争がし烈を極める。このような環境下での人事の役割は、グローバル人材育成体系の整備と海外出向制度の構築や、成果・業績といった定量面を重視した総額人件費をコントロール可能な職務・役割給の人事制度導入といった施策立案だ。人事は相変わらず制度・ルールの番人としての役割を果たし、企業の中で、その位置づけは一層高まっていく。

　当社の組織・人事領域における過去案件データを紐解いてみても、2006年〜2015年ごろにご相談いただく案件の3大テーマは、人事制度設計、グローバル人材管理施策、M&A/組織再編であった。この時代は、人事の存在が確かなものであり、人事の役割そのものに対する問いかけや人事変革の声は多くなかった。

　しかし、2015年以降、生産年齢人口減少の顕在化、イノベーションによる生産性向上への期待、ミレニアル世代の台頭による多様な働き方・働き甲斐への要請、そしてデジタル革命など、世の中が質的な転換を始

める。これら質的な転換は、"ヒト"の位置づけの変化をも伴う。人口減少時代ではヒトの獲得が困難となり、これまでの新卒中心の採用のやり方は通じなくなり始めた。イノベーションは"ヒト"と"ヒト"のアイデアの掛け合わせから生まれるが、社内にどんな"ヒト"がいるかも分からない。従業員の働き方・働き甲斐に答えきれず、ブラック企業と揶揄される企業も出始めた。デジタルが進展するにつれ、これまで定型業務に従事していたヒトの仕事が奪われるのではないかという不安が企業内で起こる。これまで正しいと思って構築してきたあらゆる制度・ルールが疲弊を起こし、むしろ企業・ビジネスの足かせになり始めてきた。

　経営、ビジネスリーダー、従業員、そして外部市場（例：中途採用市場、ダイレクトソーシング市場）からは、人事に対する役割変化への期待が高まる。しかし、いきなり変われと言われても、当の人事は何から手を付けてよいか分からない。またやるべきことがなんとなく見えてきても、過去からの慣習・しがらみにがんじがらめとなり、身動きが取れない。

　当社の直近2〜3年の案件データを見てみると、人事変革のテーマが急増している。冒頭、クライアント企業の人事担当役員や人事部長からの問い合わせ内容が変化してきたと述べたが、具体的には、「人事を取り巻く環境がどのように変わっていくのか知りたい」、「やらなければいけないことが多すぎてどこから手を付けていけば良いか分からない。人事の在り方について一緒に考えてほしい」といった、将来の人事のトレンドを踏まえながら、人事の存在自体を定義するところからの関与を求められるケースが増えてきている。

本書の位置づけ・狙い、そして挑戦

　本書は、「最強組織をつくる人事変革の教科書」と銘打ち、人事変革ノウハウについてまとめたものである。

　この書籍を出版するにあたり、世の中に出版されている人事変革に関連しそうな書籍を眺めてみた。グローバル人事に力点が置かれているもの（How中心）、個別の人材育成施策に力点が置かれているもの（How

中心)、人事制度の作り方に力点が置かれているもの(How中心)、人事の姿を言及しているがこれまでのトレンドを前提に書かれているもの(現状のトレンドが維持する前提)等が出版されていた。どの本ももちろん素晴らしい本ではあるが、「人事を取り巻くこれからのトレンド(10年以上先を見据えた前提)」、「人事変革の必要性と難しさ(Why)」、「人事変革のこれからのコンセプトとアプローチ(WhatとHow)」を、体系的かつ実践できるところまで整理された書籍は、2019年12月時点では存在しない。本書ではここに挑戦する。難しいテーマではあるが、あえて切り込み、人事の未来とそこに向けた実践できるアプローチを描いてみたい。

本書の構成

　本書は5章立ての構成としている。

　第1章では、「これからの人事が影響を与える/与えるべき領域」とは何か、このトレンドを理解するところからスタートする。その領域は「従業員個人」、「経営」、「社会」と3つある。とりわけ重要性が高まっているのが「従業員個人」に対する影響であろう。デロイトでは「ヒューマン・エクスペリエンス」という概念を打ち出し、これまでの"会社・組織目線"での従業員エンゲージメントから、"従業員主導"の経験・価値の実現に対して、人事が関わることの重要性を提唱している。「経営」に対する影響としては、これは良く語られるものであるが、人事の成熟度が高まれば高まるほど、企業のパフォーマンスが高まることをデータをもって示した。そして「社会」に対する影響としては、昨今世界で議論が進むSDGs(持続可能な開発目標)に基づき整理を行い、人事との関連が深い目標に対して、どのように人事が関わるべきかを提示する。なお、人事が影響を与えるこれら3つの領域を考えるうえで前提となるキーワードが注目されている。「ソーシャル・エンタープライズ(社会的企業)」である。

　第2章では、人事を取り巻く環境が劇的に変化する中で、人事が今ど

のような実態にあるのかを明らかにする。複数のプロジェクト事例から、人事業務を「戦略・企画業務」、「オペレーション業務」、「その他業務」の大区分に分け、業務量を集計してみると、実に業務量の"80%"程度がオペレーション業務に費やされていることが分かった。戦略・企画業務により力を入れなければならないと人事自身も認識しているはずだが、過去から積み重なった様々な慣習が、人事を機能不全にし、知らぬ間に人事の変革を鈍らせている。機能不全をその人事の特徴になぞらえて、「独りよがり」、「成り行き」、「管理者」、「アナログ」と4つに類型化してみた。おおよそ読者の自社の人事の状況に当てはまるのではないだろうか。

　第3章では、これからの世界をつくる"最強の人事"とは何かをデロイトグローバル共通の方法論である「Future of HR」という人事変革コンセプトを活用して明らかにする。「Future of HR」は、「これからの人事が真に価値を発揮し、新しい未来に踏み込みんでいくための観点はどのようなものか」という問いに答える考え方である。「マインドセット」、「フォーカス」、「レンズ」、「イネーブラー」という4つから構成される。極力、読者にとって馴染みやすい表現、理解の進みやすい表現を試みたが、英語やカタカナ表現が多分に含まれていることもあり、理解しづらい箇所があった場合はご了承いただきたい。

　第4章では、最強の人事に変革するための"6つのステップ"を紹介する。大きな流れは、Step 1：現状分析、Step 2：設計方針策定、Step 3：概要設計、Step 4：詳細設計、Step 5：実行計画策定、Step6：実行である。各社の置かれている外部環境や自社の人事課題、これまでの人事変革の達成状況によって、アプローチややり方が異なるため、全てを本書に記載することは困難であるが、実際のプロジェクトの中で共通的に実施し、特に重要だと考える、人事変革の具体的な流れと外してはいけないポイントは記載したつもりだ。なお、ここでよく忘れがちであるが重要な点を強調しておきたい。「人事の顧客は誰か」、「その顧客は

人事に何を期待し、どんなサービスを求めているのか」、である。

　第5章では、最強人事を担う"人事プロフェッショナル"について定義し、育成の考え方を提示する。これまでの人事の担い手を、その求められてきた要件から「人事オペレーション人材」と呼ぶ。一方で、最強の人事の担い手を「人事プロフェッショナル」と呼ぶことにした。人事変革に終わりはなく、絶えず変化する外部環境・内部環境に人事も合わせて変化し続けなければならない。その変化に対応できるのはプロフェッショナルたる真の人事人材である。

人事変革への寄与を願っている

　このように本書では、人事のトレンドから実際の人事変革アプローチまでを丁寧に要素分解し、体系化することに力を注いだ。また、読者にとって内容が容易に理解できるよう、可能な限り図やデータで表現できるものはそのように対応した。概念から具体までを扱いながら、極力解りやすい本として工夫したつもりである。

　人事担当者から人事担当役員まで、人事を本業としている方々における必読書になることを願っている。

　また、人事変革の成功事例・失敗事例を見るに、変革を成功させるためには、人事内だけでなく、経営者やビジネスリーダー、経営企画やITをはじめとするコーポレート部門の方々の協力が不可欠である。人事が何を目指すべきか、一方で現状の人事が何に苦しんでいるか、理解の補助になると思うので、ぜひご一読いただきたい。

　さらに、今人事に従事していないが人事に関心のある方や、組織・人事コンサルタントの仕事に興味がある方にとっても、自身のキャリアを考える一助になるはずだ。

本書を通して、少しでも多くの企業の人事変革に寄与できることを願っている。

2019年12月　著者

目　次

はじめに ……………………………………………………………………… 3

第 1 章　人事が影響を与える"3つの領域" …………… 11

1 人事は企業と世界を変えていくことができる ………………… 12

2 ソーシャル・エンタープライズ（社会的企業）という存在 ………… 12

3 人事は「従業員一人ひとりの世界」に影響を与える ……………… 18

4 人事は「経営の世界」に影響を与える ………………………… 22

5 人事は「社会」に影響を与える ………………………………… 24

6 本章のまとめ …………………………………………………… 29

第 2 章　人事の実態と陥りがちな"4つの症状" ……… 31

1 データ・事例で見る人事の実態・実情 ………………………… 32

2 人事における4つの機能不全 …………………………………… 39

3 機能不全①：「独りよがり」人事 ……………………………… 39

4 機能不全②：「成り行き」人事 ………………………………… 42

5 機能不全③：「管理者」人事 …………………………………… 45

6 機能不全④：「アナログ」人事 ………………………………… 47

7 本章のまとめ …………………………………………………… 49

第 3 章　これからの世界で勝つ"最強の人事"とは …… 51

1 人事変革コンセプト -「Future of HR」- ……………………… 52

2 最強の人事をつくる観点①：マインドセット ………………… 57

3 最強の人事をつくる観点②：フォーカス ……………………… 75

4 最強の人事をつくる観点③：レンズ …………………………… 83

5 最強の人事をつくる観点④：イネーブラー …………………… 97

6 本章のまとめ ··· 108

第4章 最強の人事に変革するための"6つのステップ"····· 109

1 最強人事への変革に向けて ··· 110
2 Step1：現状分析 ··· 112
3 Step2：設計方針策定 ··· 125
4 Step3：概要設計 ··· 132
5 Step4：詳細設計 ··· 145
6 Step5：実行計画策定／Step6：実行 ··································· 153
7 本章のまとめ ·· 165

第5章 最強人事を担う"人事プロフェッショナル"····· 167

1 最強人事の担い手をつくる ··· 168
2 これまで求められてきた「人事オペレーション人材」··············· 169
3 これから必要なのは「人事プロフェッショナル」··················· 176
4 人事プロフェッショナルに求められるマインド ····················· 177
5 人事プロフェッショナルに求められる役割・知識・スキル ······· 181
6 人事プロフェッショナルを育成するために ·························· 190
7 本章のまとめ ·· 196

おわりに ·· 197

第 **1** 章

人事が影響を与える
"3つの領域"

1 人事は企業と世界を変えていくことができる

「これからの人事は、企業が世界で勝っていくための中核的な役割を担うことはもちろん、世界そのものを変えていく存在になる」

これは決して空想の話や何十年も先の話でもなく、まさに今足元で生じ始めている変化である。この本をお読みの方は、企業の経営者や経営企画部・人事部の方、もしくは人事部に関連する部署や人事部に興味のある方、はたまた人事コンサルタントの方など様々かと思う。そうした皆さん一人ひとりが、そのような新しい人事の姿を創造していく重要な役割を担っている。

確かにこれまでの人事は、採用や教育、給与計算、労務といった定期的に発生する業務や課題の解決が中心的な役割であった。しかしこれからの人事は、従業員一人ひとりが仕事を通じて得る経験や人生の幸福感を向上していくとともに、経営に不可欠な人と組織づくりにより深く関与する存在となる。こうした人事の役割変革は欧米などでは既に多くの企業で推し進められているだけでなく、さらに一歩進んで人事が社会課題の解決を担う存在として認識され始めている。

このように、人事への期待値が拡張されつつある背景はどのようなものなのか、またその中で人事は「従業員一人ひとり（個人）」、「経営」、「社会」といった3つの領域に対してどのように関与していくことが必要なのであろうか。まずは人事に対する期待値の変遷の背景にある「企業に対する期待値」に関して、大きな潮流を説明したいと思う。

2 ソーシャル・エンタープライズ（社会的企業）という存在

デロイトでは2009年から、『グローバル・ヒューマン・キャピタル・トレンド』という調査を実施し、企業における人材活用に関する課題や、

人事にまつわる兆候・トレンドを発表している（2019年では世界110ヵ国以上、10,000名以上が調査に参加）。

　その中で特に2018年頃から急速に注目されているキーワードが「ソーシャル・エンタープライズ（社会的企業）」である。社会的企業とは、「成長・利益の向上をはかること」と「環境・ステークホルダーとのネットワークを尊重・支援すること」とを結びつけるミッションを持つ企業のことである。こうした企業は、市場原理を利用してサービス提供や資源配分の生産性を高めながらも、事業を通じて貧困問題や環境問題といったような社会課題の解決を行うことを目指す。社会的企業は海外では比較的早い段階で発展を遂げており、政府などの公的機関も積極的な支援を進めている。

　例えばイギリスでは「社会的企業局」を政府が設置し、従来の公的サービスとコミュニティーの再生活動を行う企業に対して、財政的・事業的な支援に取り組んでいる。社会的目標を官民一体となって解決していこうとする動きは今後加速するだけでなく、企業側が前面に立ってリードする可能性すら現れてきている。2018年のエデルマン・トラストバロメーターの調査によると、「企業が正しいことをすると信頼するか」という質問に肯定的な回答をした人は53％であったのに対して、「政府が正しいことをすると信頼する」と回答した人は43％に過ぎず、米国などではその割合が4年連続低下している状況となっている。特に社会課題が複雑性を増す中で、政府が効果的な対応を行うことが困難になっていることから、企業がその役割を代わりに果たすことの期待感が高まっているといえる。

　一方で企業の目線からも、社会的影響という観点が欠かせないものとなっている。デロイトの調査によると、CEOやビジネスリーダーは、毎年の業績を評価する指標として、社会的影響を最も重要視しているという結果となっている（図1 - 1）。

図1-1：年次業績評価における成功指標

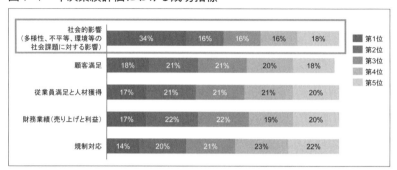

出所：Deloitte and Forbes Insights（2019）「Success personified in the Fourth Industrial Revolution：Four leadership personas for an era of change and uncertainty」

　そうした背景の大きな要因の1つとして、株主や投資家からの要請の高まりという面は無視できない。海外だけでなく日本でも、環境・社会・ガバナンスを重視している企業を投資対象として選ぶESG投資や、SDGs（持続可能な開発目標）と企業活動を連動させる動きなどが増えているが、これは企業がもはや「財務的なパフォーマンスや製品・サービスの質だけでは評価されなくなっている」という潮流が根底に存在している。

　しかし、更に根底にあるのは、企業活動における人的資産の重要性が高まっていることにある。例えば日本においては「人手不足倒産」という言葉が話題になるように、人材を確保できないことによる倒産の件数が軒並み上昇している。帝国データバンクの2019年に発表された動向調査では、調査が開始された2013年から6年間でその件数は約5倍にまで増加している。こうした状況は日本だけでなく、他の先進国でも生じている。例えば、米国や中国でも失業率が過去数十年で見られなかった水準まで低下しており、人材の確保が非常に困難な状況となっている。

　まず、人材確保の量的な問題に関しては、米国などを中心にテクノロジーやロボットといった手段によって、急速に労働力の代替が進んでい

る。加えて、ギグ・ワーカーと呼ばれる単発の仕事をこなす外部の人材も活用しながら、企業活動を進めていく体制に移行している。だが、こうした取り組みを行ったとしても、やはり「代替できない労働力」は必要となる。そして、人材確保の質的な問題は解決するどころか、「代替できない価値を提供できる人材」に関しては、獲得争いがより熾烈なものとなる。デロイトの調査でも、採用プロセスにおける課題の中で「質の高い中途の候補者を見つけること」が他を抜きん出て上位となっていることからも、企業の焦燥感が伝わってくる（図1-2）。

こうした「代替労働力」の浸透に伴いワークフォース（労働力）の定義が拡張していることや、人材獲得・確保の熾烈さが高まる中で、人間が行うべき仕事をどのように定義するのか、そしてその仕事の意義をどのように紡ぎだすのかが企業や人事としてのこれからの大きな課題となってくるであろう。

図1-2：採用プロセスにおける課題

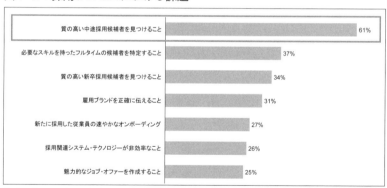

出所：デロイト（2019）「グローバル・ヒューマン・キャピタル・トレンド2019」

企業側がそのようなトレンドに身を置いている一方で、人材の方はどのような想いを持っているのであろうか。今後企業において、「ミレニアル世代」と呼ばれる2000年頃に社会進出した世代（1983年～1994年生まれの世代）の数が増加していくことが予想されている。こうした世代

は、生まれ育って成人する過程において多くの社会的、政治的、経済的な混乱に晒されてきた世代であり、政府や企業、メディア等に対する信頼感が相対的に低い傾向にあるとされている。もちろんすべての組織・機関を信用しないわけではなく、慎重に自身の価値観と適合して、かつ信頼できる対象を選択・サポートする傾向にあるという。では、彼ら・彼女らが企業に求めているものは何なのだろうか。

　デロイトが2019年に発表した『ミレニアル年次調査』によると、こうしたミレニアル世代は、「企業が達成すべき」と考えている事項に関して、「利益の確保」などよりも「社会の改善」「仕事の創出と雇用の提供」「従業員の生活の質の向上」を重要視しているという結果が出ている（図1-3）。

　一方で同調査の別の質問項目によると、「企業は金儲けにしか意欲がない」と感じているミレニアル世代は6割以上も存在しており、企業の取り組みやその打ち出し方と、彼ら・彼女らの優先事項・認識がマッチしていないという事象が生じている。こうしたギャップを解消していくために、社内外に対する企業のブランディングや、マネジメントの考え方を転換していく必要がある。

図1-3：企業の取り組み課題に対するミレニアル世代の認識

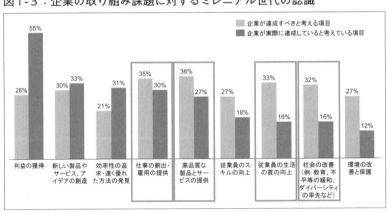

出所：デロイト（2019）「ミレニアル年次調査」

それは一言でいうと「会社中心」から「人間中心」への転換である。

これまで述べたような、社会や企業を取り巻く環境や、人材の価値観の変化に対応していくために、グローバル全体で、こうした考え方に基づき企業の姿勢を転換していこうという機運が高まっている。「人間中心」のマネジメントを実現するためには、企業の活動目的を利益獲得だけに絞るのではなく、従業員、顧客、社会のために役立てることに焦点を当てることも同時に必要となる。そして、そこで働く人材に対しても、金銭的報酬や目の前の仕事の意義だけでなく、生きていくことの目的と意義を提供する。

こうしたことを確実に実現していくことができる企業や組織が、社会にとっても必要とされ、ミレニアル世代をはじめとする多くの人材に選ばれ支持されることになるのである。

デロイトでは、「人間中心」のマネジメントを実現するための変革設計ポイントを5つに分けて整理している（図1-4）。

図1-4：「人間中心」のマネジメントへ変革する際の変革設計ポイント

設計ポイント	内容
目的と意義	✓ 会社と従業員に仕事に関する目的意識を与える ✓ 利益を与えることだけにとらわれず、従業員、顧客、社会のために役立つことに焦点をあてて行動する
倫理と公平さ	✓ データ、情報技術、システムを倫理的かつ公正で信頼できる方法で利用する ✓ 人工知能を教育する、あるいは機械の下す意思決定を監視することで、決定が公平で理にかなっていることを確認する職務や役割を作り出す
成長と情熱	✓ 情熱と成長実感を得られるように、職務、仕事、組織のミッションを設計する ✓ 人々が仕事で自分らしさを発揮する機会を与える
コラボレーションと個人的な人間関係	✓ 個人的な人間関係に着目し、デジタルを超えた人間のネットワークが職場に形成されるようにチームを組成し育てる
透明性とオープンさ	✓ オープンに情報を共有し、困難や間違いを話し合い、個人的にもプロフェッショナルとしても、成長指向で組織をリードする

出所：デロイト（2019）「グローバル・ヒューマン・キャピタル・トレンド2019」

こうした潮流に対して「人事ができることは限定的だ」という声が聞こえそうだが、むしろ逆で、人事だからこそ個々人の価値観や組織のあり方に働きかけるとともに、ビジネスリーダーが示す企業の方向性に対

して影響力を発揮することが可能なのである。

　では人事が従業員一人ひとりや経営、そして社会に対して、それぞれどのような影響を与えていくことができるのかを詳しく説明する。

❸ 人事は「従業員一人ひとりの世界」に影響を与える

　まず人事が影響を与える１つめの領域は、「従業員」である。

　前述したデロイトの『グローバル・ヒューマン・キャピタル・トレンド』において、2018年から2019年にかけて世界の人事リーダーたちが最も重要視しているキーワードの１つに、「ヒューマン・エクスペリエンス」という概念がある。これは「エンプロイー・エクスペリエンス」という、「従業員が所属する企業や組織の中で得る経験・価値」という概念を進化させたものとも言える。つまり、「エンプロイー・エクスペリエンス」は主に職務の性質や職場環境といった「会社・組織」目線での満足感を中心とした概念であるのに対して、「ヒューマン・エクスペリエンス」は自身が心に抱く志の実現といった「個人・人間」目線での充実度までを捉えた概念である（図１-５）。

　こうした一人ひとりを動かす力の源泉を理解して、目の前の仕事と結びつけることは、継続的な成長と努力を支えるものとなる。このような概念はこれから重要視されてくる一方で、もちろん足元で起きている課題にも目を向けなくてはなならない。

　前述した『グローバル・ヒューマンキャピタル・トレンド』の2018年調査に基づくと、実に40％以上の従業員が業務において多大なストレスに晒されており、生産性・健康・家族関係に悪影響が及んでいることが明らかになっている。従業員のストレスに関する問題は目新しいものではないが、ビジネスのデジタル化や際限ないメール・メッセージのやり取りなど、「常にオンでいる」ことが求められる現代においてより深刻さが増している。こうした状況を「社会の一員である企業の責任」として対応するために、多くの企業において従業員の「ウェルビーイング（幸福）」向上のための取り組みを開始している。

日本においても、例えば健康経営や働き方改革・休み方改革など、従業員の私生活の領域にまで踏み込んだ取り組みが増えていることはその一端とも言えるであろう。こうした取り組みは元々、メンタルヘルス対策や人件費抑制といった「守りの思想」で開始されたものも多かったように思う。しかし近年はワーク・ライフ・バランスや充実感などを重視しているミレニアル世代の台頭に伴い、彼ら・彼女らのモチベーション向上やリテンションを行うための「攻めの思想」で施策を検討している企業が増えている。

図1-5：従業員のエクスペリエンスフレームワーク

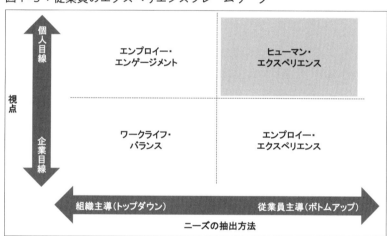

出所：デロイト（2019）「グローバル・ヒューマン・キャピタル・トレンド2019」

　実際、2018年のデロイトの『ミレニアル年次調査』によると、従業員が勤務する組織を選ぶ際には勤務場所や勤務時間の柔軟性を重視している割合が高く、その組織で長期勤続を予定するかどうかにも大きく関わっている（図1-6）。
　例えば日本においては、日常的な働きやすさの側面だけではなく、異動・転勤といった日本独自の仕組みにもメスが入れられつつある。こうした慣行は長期雇用を前提とした人材育成や需給調整の名残りとして多くの企業で当たり前のように行われているが、転勤によって与える私生

活への影響は計り知れない。配偶者がいる場合には、帯同していくかどうか、今勤めている企業で継続して勤務できるか、新たな転地で良いライフスタイルを構築できるかなどが大きな問題としてのしかかる。また子供がいる場合も、転校をするのかどうか、転校する場合そこで友達を作ることができるのかなど、子供たちは非常に不安な状態に置かれてしまう。

図1-6：職場慣習の柔軟性と組織への帰属意識の相関

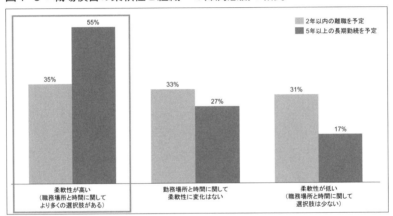

出所：デロイト（2019）「ミレニアル年次調査」

　そうした影響の大きさからか、法政大学が2015年に実施した『転勤の実態把握に関する調査（個人調査)』によると、調査対象となった30歳～49歳の会社員の内、今後「積極的に転勤したい」という割合はわずか7％程度で、「積極的でないが転勤を受け入れる」「できれば転勤したくない」「絶対に転勤したくない」という割合が合計78.5％にも及ぶ結果になっている。

　転勤制度はほんの一例に過ぎないが、こうした企業が打ち出す人事制度や人事施策は、従業員の仕事だけでなく、従業員やその家族を幸せにするのかといったことも慎重に検討しなければならない。

　では、従業員の幸福は企業にどのような影響を及ぼすのであろうか。

近年、従業員の「幸福感」を高めることによる、生産性や創造性の向上といったメリットが着目され始めている。2005年にコロンビア大学のソーニャ・リュボミルスキーらが発表した調査『The Benefits of Frequent Positive Affect』によると、幸福感の高い従業員は、そうでない従業員と比較して、平均で生産性が31%、売り上げが37%、創造性が３倍高いという結果が示された。

　この原理については、ショーン・エイカーが『幸福優位７つの法則』（2011）で、脳科学や心理学に基づく説明を行っている。ポジティブな感情が生じると、脳はドーパミンやセロトニンといった科学物質で満たされ、その結果、脳の学習機能をつかさどる部分の活性が高まる。そうすると新しい情報が整理されやすくなり、記憶が長く保たれ、後でそれを素早く取り出せるようになる。また、神経細胞の連絡が密になり、素早くクリエイティブに考えられるようになるとされている。

　幸福感を高めるためには、瞑想や利他的な行動、適度な運動、自身の強みを発揮できる場面をつくるというようなことが重要であるとされている。

　例えばシリコンバレー企業や欧米のスタートアップ企業、金融系の企業などではマインドフルネス瞑想を30分間まで職務時間内に行うことを許可する取り組みなどを既に行っている。更に、企業によっては瞑想ルームをオフィス内に設置したり、効果的な瞑想を行うための支援プログラムを提供している場合もある。

　実際の効果としてあがったものとしては、集中力の向上や仕事の充実感の向上などがある。こうした先進的な施策の導入が難しい企業においても、利他的な行動を促すための組織文化醸成や、インセンティブシステムの構築、各自の強みを発揮できるような配置の仕組みを構築することは、人事としてすぐに着手できる領域ではないだろうか。

　そうした施策や仕組みの検討の前提になる考え方は第３章で具体的に紹介する。

> **コラム** 子供の成長に「親の仕事環境」が与える影響
>
> 　父親・母親のキャリアや仕事の状況は子供に対してどのような影響を与えるのであろうか。スチュワート・フリードマンの『How Our Careers Affect Our Children』(2018)によると、親が仕事を挑戦や創造性、楽しみの源としている場合には、そうでない親の場合よりも、子どもの感情面の健康状態は、良好であるという調査結果となっている。また、物理的に子供と一緒にいることができる場合は、より感情的な健康状態が良いという傾向があった。
>
> 　その中で、父親に関しては、仕事で優れた実績を上げており、仕事に満足を感じているときには、子どもが問題行動を示す傾向が低かった。一方で母親に関しては、仕事で権限と裁量を持っている方が、子どもの問題行動が少ない傾向にあった。
>
> 　つまり、企業や人事が従業員に対して「仕事の充実」と「私生活に時間を割くことができる環境」を提供できるかどうかが、今後の社会を担っていく子供たちの幸福や将来にも大きく影響しているとみることができるであろう。

④ 人事は「経営の世界」に影響を与える

　人事が影響を与える領域の2つめは「経営」である。

　「人事はより経営に貢献していくべきである」という提言は、何十年間にもわたって聞かれてきたフレーズであるが、具体的にはどういう状態を指すのであろうか。

　我々は人事の成熟度を4つのレベルに区分するとともに、企業のパフォーマンスに対するその成熟度の関係性をグローバルで分析した。

　まず人事の成熟度は、例えば、タレントマネジメントという機能に対して、「発展途上の状態」から「先進的なリーディングカンパニーとして充たしているべき状態」までを幾つかのレベルで定義し、その充足度を診断している。その成熟度を人事の全機能で診断した結果に基づき、人事全体としての成熟度を測定している。

人事の成熟度は、Level 1 として「受動的に作業をしている」人事から始まり、Level 2 として「サイロ的に機能している」人事、Level 3 として「影響力を発揮している」人事、最後にLevel 4 として「先進的かつ一人ひとりに適したサービスを提供している」人事という段階で定義を行っている（図1-7）。

　グローバル全体の2014年時点調査における結果としては、半数近い43%の人事がLevel 1 に属しており、Level 4 に至る人事は12%にしか満たない。

図1-7：人事の機能成熟度

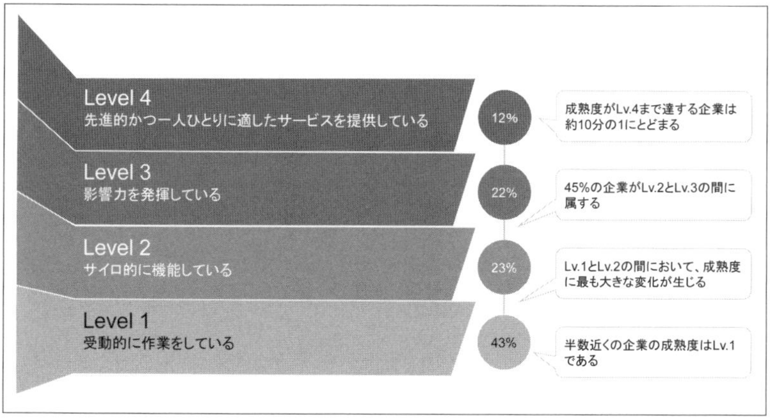

出所：デロイト（2014）「The Datafication of HR」

　ではこうした人事の機能成熟度は企業のパフォーマンスにどのような影響を与えるのであろうか。

　人事の機能成熟度がLevel 1 であった企業と、Level 4 であった企業の各種指標を比較すると、人事の機能成熟度が高い場合、市場の変化に適応し、新しい製品やサービスの導入を迅速に行うことができ、なおかつ生産性高く競争力を高めることができることが分かっている（図1-8）。

　特に、キーワードになるのが迅速性（アジリティ）である。近年ビジネスの世界では複雑性・不確実性の高まりが叫ばれているが、そういっ

た環境下において、変化に対していかに迅速に対応していくのかがビジネスの成否を分けるといっても過言ではない。その中で、人事がビジネスの変化に即して、組織・人材の迅速な変化を起こすことができる能力を持っているかどうかが重要となる。

　我々はこうした体制と組織能力を持つ人事をHigh-Impact HR（ハイインパクトHR）と呼び、成熟度Level 4と定義している。また、その特徴やHigh-Impact HRへの変革方法について整理を行っている。

　これらの内容については第3章、第4章にて詳しく説明する。

図1-8：人事の成熟度と企業のパフォーマンスの相関

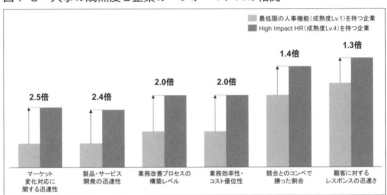

出所：デロイト（2019）「The High Impact HR Operating Model」

5 人事は「社会」に影響を与える

　これまで見てきた人事が「従業員一人ひとりに与える影響」や、「経営に与える影響」は、日本においてもなじみが薄い概念ではないように思う。一方でこれから説明する「社会に与える影響」は、企業レベルにおいてはCSV（共有価値の創造。P29コラム参照）などの概念で提唱されてきたものの、人事という一部門としてどう関わるのかはあまり議論されてこなかった。加えてこうした概念は前述した「ソーシャル・エンタープライズ（社会的企業）の台頭」というトレンドに対応していくた

めにも深く理解をしておく必要がある。

まず、世界や日本で起こっている社会課題にはどのようなものが存在するだろうか。ここでは、SDGs（持続可能な開発目標）の考え方に基づき整理を行ってみたいと思う。

SDGsについて簡単に説明しておくと、国連加盟193か国が2016年から2030年までの15年間で達成するために掲げた目標で、「誰一人取り残さない」持続可能で多様性と包摂性のある社会の実現を目的としている。17の国際目標を定義しており、その下に169のターゲットと232の指標が決められ、各国政府は法律の整備や行動計画の立案、予算の設定等を行わなければならない（図1-9）。

図1-9：SDGsの17の国際目標

出所：外務省（2015）「JAPAN SDGs Action Platform」

これらは企業に対して直接的な拘束力を持つものではないが、日本においてもESG投資への対策やCSR活動の一環としてこうした目標を中期経営計画などに取り入れ始めている。一方でこうした動きは欧米の企業に比べて一歩遅れを取っている。企業活力研究所『社会課題（SDGs等）解決に向けた取り組みと国際機関・政府・産業界の連携のあり方に関す

る調査研究報告書』（2017）によると、SDGsをビジネスチャンスとして認識している企業は日本では約37%に留まるが、欧州では約64%にものぼるというデータが存在する。実際にデロイトの『SDGsの各目標の市場規模試算結果』（2017）に基づくと、SDGsそれぞれの目標に関して70兆円から800兆円の市場規模が生じると予想されており、ユニリーバやネスレなどに代表されるような欧米の企業では、競争戦略実現に向けた重要な要素として積極的な活用を始めている。

　一方、人事はこうした目標に対して何ができるのだろうか。17の目標を更に細分化したターゲットの内、人事との関連が深いものは以下の３つが挙げられる。

　・［目標4.4］2030年までに、技術的・職業的スキルなど、雇用、ディーセント・ワークおよび起業に必要な技能を備えた若者と成人の割合を大幅に増加させる

　・［目標8.5］2030年までに、若者や障害者を含むすべての男性および女性の、完全かつ生産的な雇用およびディーセント・ワーク、ならびに同一労働同一賃金を達成する

　・［目標8.6］2020年までに、就労、就学、職業訓練のいずれも行っていない若者の割合を大幅に減らす

　まず、目標4.4と8.5の両方で触れられている「ディーセント・ワーク」とは、「働きがいのある人間らしい仕事」と訳されている。元々は、1999年のILO（International Labor Organization）総会で提唱された概念で、それぞれの国の状況に応じて「ディーセント・ワーク」の定義は様々である。
　日本における定義は、厚生労働省が発表した『ディーセント・ワークと企業経営に関する調査研究事業報告書』（2012）に基づくと、７つの観点から判断されることになる（図１-10）。これら７つの観点すべてが

人事から打ち出す制度や施策を通じて実現していくべきものであり、既に重点施策として取り組みを進めている企業も多いのではないだろうか。

図1-10：ディーセント・ワークの7つの観点

#	判断軸	内容
1	WLB軸	「ワーク」と「ライフ」をバランスさせながら、いくつになっても働き続けることができる職場か
2	公正平等軸	性別や雇用形態を問わず、すべての労働者が「公正」「平等」に活躍できる職場かどうか
3	自己鍛錬軸	能力開発機会が確保され、自己の鍛錬ができる職場かどうか
4	収入軸	持続可能な生計に足る収入を得ることができる職場か
5	労働者の権利軸	労働三権などの働く上での権利が確保され、発言が行いやすく、それが認められる職場か
6	安全衛生軸	安全な環境が確保されている職場か
7	セーフティネット軸	最低限（以上）の公的な雇用保険、医療・年金制度などに確実に加入している職場か

出所：厚生労働省（2018）「ディーセント・ワークと企業経営に関する調査研究事業報告書」

次に目標4.4と8.6で触れられているキーワードが「教育」である。もちろん、職務上の教育はこれまでも人事として実施してきたかとは思う。しかし、終身雇用が困難となりつつある現代においては、従業員が自社だけでなく、他の企業においても活躍できるような教育が求められる。そのためには従業員に「自らキャリアを切り開いていく」という意識を持ってもらい、自律的な学習を常に行ってもらう必要がある。

実は、こうした意識の醸成において、NPOやNGO、地域コミュニティーといったステークホルダーとの関わりが重要となってくる。

リクルートワークス研究所が行った2018年の調査によると、ボランティアやNPOに関わっている人は、これからのキャリアや人生について「自分で切り開いていける」「前向きに取り組んでいける」などの考えを持つ割合が非常に多いという分析結果がある（図1-11）。これは、同じ部署の同僚だけと関わりを持つ人との大きな乖離になっており、キャリアを切り開いていく意欲と力の差であると見ることができる。

図1-11：所属コミュニティとキャリア展望※の関係

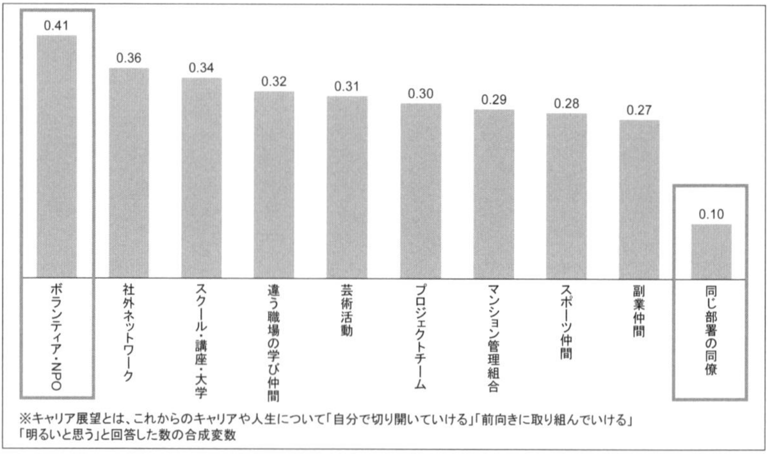

0.41	0.36	0.34	0.32	0.31	0.30	0.29	0.28	0.27		0.10
ボランティア・NPO	社外ネットワーク	スクール・講座・大学	違う職場の学び仲間	芸術活動	プロジェクトチーム	マンション管理組合	スポーツ仲間	副業仲間		同じ部署の同僚

※キャリア展望とは、これからのキャリアや人生について「自分で切り開いていける」「前向きに取り組んでいける」「明るいと思う」と回答した数の合成変数

出所：リクルートワークス研究所（2018）「人生100年時代のライフキャリア」

　こうした社外のボランティア活動への参加を促進するために、様々な企業でプログラムの構築が進められている。例えば、某日系電機メーカでは、『NPOサポート プロボノ プログラム』を2011年より展開しており、従業員がチームを組んでNPO法人の事業計画立案サポートを実施したり、災害ボランティアの活動支援などを行っている。また、企業が新興国のNPOや社会的企業に人材を送り込むことを支援する団体や組織も脚光を浴びている。

　「エンプロイアビリティ（雇用される能力）」といった言葉も近年注目を浴びているが、どこでも能力を発揮し、活躍できる人材を作ることができる企業が、今後選ばれるようになってくる。更に言うと、自身で社会に存在する課題を見つけ、自身でその解決に向けた事業を立ち上げる力を従業員が身に着けられるように、社会全体として協力しながら実現の仕組みを構築することも、今後人事としての責務となっていくであろう。

　もちろん、こうした取り組みは単に従業員を育成するという目的に留

まらない。

内閣府が2016年に実施した『社会意識に関する世論調査』によると、65％もの人が「社会に役立ちたい」と思っており、1986年の調査と比較してその割合が18ポイントも上昇している。一方で、そういう想いを持ちながらも、ボランティア活動に至っていない個人は、倍増しているという結果になっている。

こういったギャップを解消し、企業内にいる人材が持つ「想い」と「能力」を社会に還元することで、社会市民の一員としての責務を果たし、社会・コミュニティーとのつながりをより強固なものとするためにも、このような取り組みは重要なのである。

コラム **CSV（Creating Shared Value）：共有価値の創造とは**

経済的価値を創造しながら、社会的ニーズに対応することで、社会的価値も創造するというアプローチである。

これは、マイケル・ポーターにより2011年に提唱された概念であり、企業規模や利益の拡大に傾倒していた企業に一石を投じることとなった。それまで概念として存在していたCSR（企業の社会的責任）との違いは何かと言うと、CSRは企業活動に付随して行うものであるのに対して、CSVは企業活動（バリューチェーン）そのものを社会的価値と繋げている点である。

例えば、フェアトレードコーヒーを取り扱うことがCSRであるのに対して、コーヒー農家が継続的に生産性・品質向上ができる仕組み・手法などを現地企業とともに開発することがCSVであると言える。品質の高いコーヒーを安定的に生産できるようになることで、農家の所得が増え、かつ農地に使用すべき水や肥料の量が減るため環境負荷が減る。そして企業も安定的な売り上げ創出が可能となる。こうした企業とステークホルダーが密接に連携しながら、社会全体の価値を増やしていくことがCSVと定義される。

---

6 **本章のまとめ**

本章では、これからの人事が与える影響力の広がりについて解説してきた。

「従業員一人ひとり」に与える影響は、人事に携わる方であれば直感

的に理解しやすいとは思うが、日々の職務に追われる中でともすれば忘れてしまうこともあるのではないだろうか。

例えば、「これまで施策を検討する時に、従業員一人ひとりやその家族における幸せを深く考えられていたか」と考えてみても良い。この問いに自信をもってYesと答えられる方は案外少ないのではないだろうか。人事にとって最も近い存在であるからこそ、実は認識できていないものがあるのではないか。

次の「経営」に与える影響についても、古くから扱われているテーマであるものの、「経営に資する人事とはどのような状態なのか」はあまり真剣に検討されてこなかったように思う。

しかし近年において、各企業でこのテーマの優先順位が上がっている。その証拠として、我々にご依頼いただく案件のテーマが大きく変遷している。これまでは、人事制度や業務改善といったテーマが多くの割合を占めていたが、ここ2〜3年を見ると、人事組織や戦略の変革に関するものの割合が非常に多くなっている。

こうしたテーマが増えている背景は、もはや人事の「How」（施策）を改善するだけでなく、人事の「What」や「Why」（あり方）を変化させていくことが求められているということなのではないだろうか。

最後の「社会」に与える影響は非常に大きなテーマであり、人事から遠い世界のように感じるかもしれない。特に、人事という仕事を通じた、「社会課題の解決」というと余りに大それている感じがする。

しかし、この「社会課題の解決」というものを少し分解してみると、既に実施している活動・施策が繋がっていることもあるのではないだろうか。もちろんあらゆる社会課題を人事が解決できるわけではなく、間接的な解決に留まるものもあるだろう。しかしながら、これからの世界を良くしていく1つの原動力としての役割が人事にあることは紛れもない事実なのである。

第2章

人事の実態と
陥りがちな
"4つの症状"

前章では近年の人事を取り巻く環境について紐解き、人事が「従業員」や「経営」、「社会」に対して、どのような影響を与えるかについて整理した。

　人事は単なる手続きや定型的な作業を行うだけの存在ではなく、「従業員」にとっては生活・人生を左右する存在、「経営」にとっては企業競争力の源泉となる存在、そして「社会」にとっては社会全体と協力しながら従業員の社会課題解決能力向上に向けた仕組みを構築・提供する存在、ということであった。

　人事に対する期待値が高まっている中で、翻って現在の人事を見てみると、足元で様々な課題に追われている。こうした課題を置き去りにして、将来に向けた人事変革を進めることの理解を得るというのは、実際のところ困難であろう。なおかつ、そうした現象が生じる原因や対策を予め把握しておくことで、人事変革を実現した後に以前の状態への逆戻りを防ぐことができる。

　本章では、人事が置かれている現状と、人事が変革を行うにあたって妨げとなっているその原因について、当社が関与した企業の事例や調査データを交えて整理していく。そして実際の事例を交える中で、以下3つの問いに答えていきたい。

●人事はステークホルダーが期待する価値を発揮できているのであろうか？
●人事が機能不全に陥ってしまった原因は何か？
●機能不全による弊害やリスクにはどのようなものが考えられるか？

1 データ・事例で見る人事の実態・実情

　「遠くない将来の労働環境やビジネス環境の変化を考えると人事も何らかの変革が必要」という認識があったとしても、人事として日々担う業務は膨大であり、手を止めることは許されない。

変革のための工数を捻出をしたくとも、中長期的なコスト負担を考えると安易に人事内で人員を増加させることはできない。そのため、結果として現有人事部員の負荷を大きくして何とか対応するしかない場合が多い。

　しかしながら、働き方改革が叫ばれ、残業時間の上限や有給休暇取得の義務化等が法律で定められている中で、労働時間の負担を強いる行為は世の中の風潮に逆行するという難しさもある。

　ゆえに人事内で人員を増やさず、かつ変革の余裕をつくるためには、日々の業務の見直しから着手し、業務そのものの効率化と人事の機能拡充・高度化を並行して実行することが比較的実現可能性が高い。とはいえ、どのような業務が負担となっており、どういった業務課題が存在するかは、人事部員への業務量調査やヒアリングといったプロセスを経る必要があり、無為に活動に着手しても負担が増すばかりである。従って、改善により高い効果が見込まれるポイントを見極めた上で、短期で一定の成果を実現するための戦術が必要である。

　一般的な人事が担っている職務としては戦略機能・企画機能・オペレーション機能の３つから構成されている（図2-1）。

　戦略機能とは、５〜10年後の中長期目線で人材をどのように活用していくかの全体像を描く役割を担う。例えば人材ポートフォリオ戦略は、経営戦略の実現を図るために必要な人材を定義し、その人材の量と質をどのように担保すべきか、という構想を行うものである。

　企画機能とは、戦略の実現方法を具体化する機能である。例えば、採用に関する企画であれば人材ポートフォリオ戦略に基づいて、人材確保に必要な採用ブランディングや採用チャネルを構築することなどが挙げられる。

　最後にオペレーション機能とは、戦略機能や企画機能で具体化された

施策の運用のほか、日々の事務手続きなども包含する。例えば、採用のオペレーションであれば、面接や合否結果の整理、入社前データ入力処理等の業務が該当する。

図2-1：人事機能の俯瞰図

こうした各機能において人事はどのような工数配分で業務を行っているのだろうか。過去に人事変革に向けた検討の初期段階として、複数の会社に対して実施した現行人事業務の調査結果サマリーを見てみよう（図2-2）。

業務量の内訳をみると、実にオペレーション業務が約80％を占めており、戦略・企画業務には約15％しか割けていないことが分かる。

また、オペレーション業務の内訳を見てみると、勤怠・報酬（給与計算）業務、採用業務、問い合わせ業務が多くを占めている。それぞれの業務の中身としては、勤怠・報酬（給与計算）であれば勤務時間の修正処理や給与計算ミスの修正といった作業、採用業務であれば採用面接や選考作業、問い合わせ業務であれば従業員からの制度や手続き全般に関する疑問への対応が挙げられる。つまり日常的なオペレーション業務に多くの時間を費やしている状況である。

図2-2：人事部の業務実態

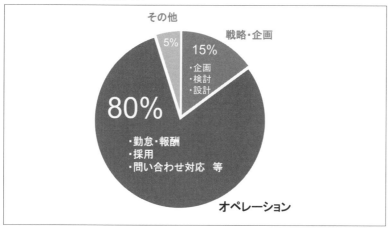

出所：プロジェクト事例より当社作成

　ではなぜ、このようなオペレーション過多の状況に陥っているのであろうか。

　その原因については、「制度・ルール」、「体制」、「業務プロセス」、「システム・ツール」、「風土」の大きく5つに分類することができる（図2-3）。これら複数の原因が積み重なることにより人事はいわゆる自転車操業の状態に陥っている。

●制度やルール面：
　　法律の改正や時代の変化に伴う細かい制度運用の変更などが積み上がった結果として、複雑な制度体系となっていることが挙げられる。
●体制や業務プロセス面：
　　同じ業務に長年従事しているようなベテラン従業員の存在による業務の属人化、長年同じ業務プロセスを続けることによる規程に明文化されていない暗黙知的な手続きや運用の常態化など、組織のほころび拡大が挙げられる。
●システム面：

制度関連等の例外対応の多さにシステムが対応しきれず、システムが十分に活用しきれていないという整備不足の面と、現在の業務のやり方に慣れてしまっているために、新しいツールを取り入れていくことへの抵抗感の2つの側面が挙げられる。

●風土面：

申請書の記入や手続きなど本来従業員が対応できる作業も含め、人事がオペレーション業務中心の役割を担うことが常態化し、「人事がやって当然」、「人事がやるべき」といった過剰サービス前提の認識が現場に浸透し、結果として人事の業務負荷となっていることが挙げられる。

図2-3：人事部内に存在するありがちな業務運用上の課題例

課題分類		
制度・ルール	1	人事制度・規定の複雑性
	2	人事情報公開範囲・権限の曖昧さ
	3	関連会社向け独自ルール対応
	4	制度・ルール等の周知不足
仕組み・体制	5	ナレッジ共有の仕組み不足
	6	役割分担が不明確
業務プロセス	7	手作業・紙ベースでの運用が残存
	8	業務手順の不整備
	9	スケジュール・納期の不整備
システム・ツール	10	システム機能不備
	11	システム・ツールの機能非活用
風土	12	部門・社員に対する過剰サービス

人事としてもこの状況を甘んじて受け入れているわけではなく、日々の業務に忙殺されながらも、人事が変わることの必要性を感じ取っている。その一例として、人事部員に対して戦略人事の重要性に関する認識を調査したアンケート結果を見てみよう（図2-4：左）。

全体の約9割は戦略人事の重要性、必要性を理解している一方、実際に戦略人事としての機能を発揮できているかを見てみると、一転して肯定的な意見は少なく、実態が追い付いていないことが分かる（図2-4：

36

右)。

　こうした理想と現実のギャップが生じる理由はいくつかある。まず「戦略人事」とは具体的にどういったもので、どのように変革するのかの方法論が確立されていない。ゆえに、「何から着手すればよいのか分からない」という状態で、思考停止してしまうことが良く見受けられる。また人事は売上や利益に直接的な責任を持たないことから、変革の緊急性や重要性が他部門よりも低く見なされる傾向にある。そして、これまでも述べたように変革に着手する時間的余裕も少ない。

　こういった状況の中で、目指すべき人事の状態と、実際に人事が提供している価値が徐々に乖離していく。

図2-4：人事部における「戦略」の重要性への理解とその実現度

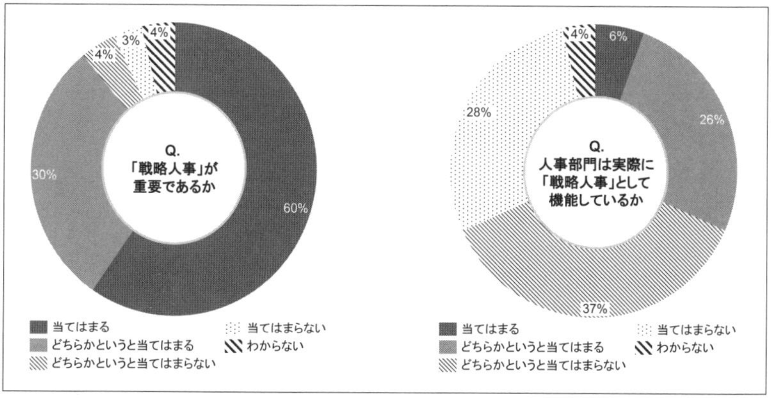

出所：日本の人事部（2018）「人事白書2018」

コラム　人事内での変革意識の差と必要な打ち手

　人事の在り方を変えようという活動が開始される際、当事者である人事部員たちはどのように現状を捉えているのだろうか。

　多くの経営者や人事部長をはじめとした変革のリーダー達は、「2－6－2」の法則を当てはめ、人事内における変革への支持は中立派が最大であると考えがちである。

　しかし当社で過去調査した結果を見ると、その考えでは上手くいかないこ

とが明らかとなった。変化に対する「諦め」や「抵抗」を持つ人事部員が多数派を占めている。変化を望む人事部員も一部いるが、多数派を動かせない中で、結果として現状に甘んじてしまっている（図2-5）。そのため多数派となっている変化の意識の低い従業員を変えることが変革実現には必須となる。（なお当事例では前提として組織の変革を行うことが大目標として存在しているため、その目標に肯定的な集団を与党、否定的な集団を野党、どちらでもない集団を無党派と呼称している。）

図2-5：事前に考えがちな支持分布（左）と実際の支持（右）

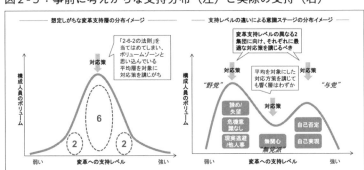

ではどのようにして変革への支持が高い人事部員を活発化させつつ、変革意識の低い人事部員を変えるべきか。

その実現のためにはまずそれぞれの立場の人事部員がどのような理由・想いで「与党」、「野党」に収まっているかを知る必要がある。「与党」と「野党」、それぞれに属する人事部員に実際にアンケートを取ったところ、与党人事部員は主に人事内のハード面に対して満足している一方で、ソフト面に不満を持っていた。野党人事部員はハード面に不満を持っているとの結果が出ている。ソフト面とは具体的には自分自身や周囲の人事メンバーの責任感や公平な判断といった人事のプロとしての立ち居振る舞いや、リーダーシップといった主に意識面に関してのものである。

対してハード面とは権限や人員配置、役割分担といった組織構造に関するものである。与党人事部員は自身を含む組織内の意識さえ変わればより良い環境にできると考えている一方で、野党人事部員は人事の仕組みや構造そのものの変化が必要と考えており、自分以外に原因を求めている傾向にある（組織に責任を押し付けることでやらない理由を正当化している）。

このように与党と野党で異なる原因があることから、意識変革にはそれぞれの立場に応じた打ち手が必要となる。

与党人事部員には、人事部員から信頼され、変革に対して強いリーダーシ

ップをもつ推進者の配置や人事部員相互の信頼感を醸成するための施策が有効で、他方野党人事部員には彼らの能力に見合った権限と役割・責任を付与するなどの方法が有効となりうる。

2 人事における4つの機能不全

　ここまで、人事がオペレーション過多となり戦略的な存在へと生まれ変わることが困難になっている状況とその原因について説明してきた。しかしながら、なぜこのような状況に陥ってしまっているのだろうか。

　これまで当社が各社の人事変革を支援する中で頻繁に遭遇した、人事の「機能不全の状態」を、大きく4つの類型に整理した（図2-6）。以降、それぞれの機能不全について触れ、機能不全となっている状態やその原因について解説する。

図2-6：人事部における4つの機能不全

ありがちな人事の"機能不全"状態	様々なプロジェクトで収集した経営・現場の声の例
「独りよがり」人事 人事が企画・実行する諸施策が、事業や従業員のニーズを満たしていない	✓ 人事が考えていることは、結局は人事部の勝手な目標を達成するためのもので、本当に意味があるのか不明 ✓ 人事から新しい施策が半年ごとに打ち出されるが、部下に説明したり、運用をする現場の身にもなって欲しい
「成り行き構築」人事 事業の拡大等に応じて人事機能や組織を成り行きで設計・設置しているため、ガバナンスの不在や組織効率の低下等が発生している	✓ 本社および所管子会社それぞれで給与計算業務を行っており、非効率である ✓ 人事に問い合わせしても、各部署の所管や担当が曖昧でたらい回しにされる
「管理者」人事 従業員を画一的・公平に管理することを重視し、多様な志向性や働き方などのニーズに向き合わず、モチベーション低下などを招いている	✓ デジタル人材など、これまでの報酬体系では維持できない人材への制度的な対応が後手に回っている ✓ 未だに新卒採用や入社年次管理が中心で、優秀な人材である程度先に辞めてしまっている
「アナログ」人事 最新のトレンドやテクノロジーなどを把握・活用しておらず、これまでの経験や勘に頼った取り組みが多く行われている	✓ 人事にデータ分析を依頼しても、「データ収集に2週間掛かる」というような回答を受けたことがある ✓ 年末調整など未だに手続きが書類で提出しなければならないものが多く、非常に非効率

3 機能不全①：「独りよがり」人事

　「独りよがり人事」とは、人事が企画・実行する諸施策が、事業や従業員のニーズを満たしていない、言わば人事の「自己満足」になってし

39

まっている状態を指す。

　人材開発プログラム、人事制度改定、働き方改革など、人事が考案する施策の多くは本来、事業や従業員を支援し、課題解消やニーズ充足を実現することが目的であることは言うまでもない。しかしながら、ステークホルダーが何を求めているかを正確に把握できないまま、「人事内」や「人事部員を中心とした一部の関係者のみ」によって施策を企画・実行してしまい、「現場にとって必ずしも有意義な施策になっていない」ということも珍しくない。

　結果として、人事が企画した施策は十分な効果が得られないばかりか、最悪の場合には、現場の負荷を増やしてしまっただけ、という残念な結果に終わるということもある。この「独りよがり」な状態が続くとステークホルダーと人事の心理的距離が大きくなり、人事への信頼感・期待値の低下を招いてしまう。

　ではどのような原因で「独りよがり」人事に陥ってしまうのだろうか。
　ここでは、（1）ニーズ・課題把握、（2）施策の立案、（3）効果検証という施策実行のステップ別に考えられる原因を見ていく（図2-7）。

図2-7：人事施策の各プロセスにおける「独りよがり人事」

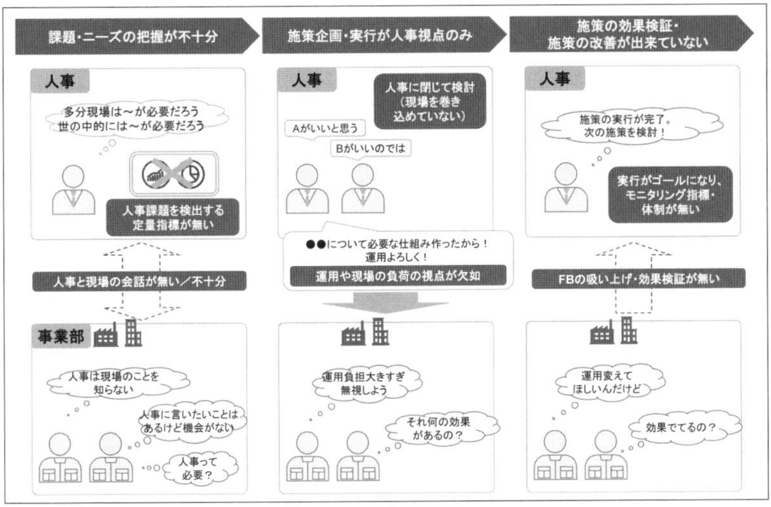

まず、（1）ニーズ把握・課題特定の段階においてはコミュニケーション不足と、モニタリング不足が原因として考えられる。

コミュニケーション不足とは、人事が「日常的に会話する相手が人事部員のみ」「経営陣や事業リーダー、従業員とのコミュニケーションは向こうからコンタクトがあった場合のみ」となっている状態を指す。こうなると現場の抱える課題や現場のニーズを把握することは難しい。また、日常のコミュニケーションが不足しているだけでなく、人事施策の立案時にも十分に現場の声を拾えていないという状況も見られる。例えば一部の「話をしやすい人」のみと事前計画をして全社の人事施策を決定するケースがよくある。

モニタリング不足とは、全社または事業別の人事課題を把握するうえで必要な指標（≒KPI）の設定およびそのモニタリングが行われていないため、経験や勘、定性的な情報でしか人事課題に気付くことが出来ないという状態を指す。なお、指標とは例えば、採用活動効率、部門別の労働時間、退職者数、一人当たり生産性などが考えられる（図2-8）。

図2-8：モニタリング指標（例）

観点	モニタリング指標	補足
採用	採用応募人数	採用種別・チャネル別の応募人数
	採用活動効率	採用決定者一人当たりに要した採用関連費用
育成	必要スキル保有 人材増加率・増加数	事業戦略上必要なスキルやコンピテンシーを保有する人材数
	一人当たり教育投資額	人材一人当たりの教育研修投資額（平均、ばらつき等）
配置	長期間異動無し人材	長期間同じ部門に配属されたままになっている人員
	人材多様性比率	部門別の正社員比率、年齢構成、男女／外国籍社員比率など
評価	連続低評価取得者	一定期間連続で低評価がついている人材
	高評価者の比率と 部門業績との相関	高評価者比率と部門業績の関連性
退職	自己都合退職者数・ 比率	自己都合退職者の人数・割合（退職理由別数値も管理）
生産性／ 人件費効率	一人当たり売上／利益	従業員一人当たりの売上や利益の推移・部門比較
	一人当たり人件費	従業員一人当たりの人件費の推移
組織運営	部門別労働時間	部門別の勤務時間、時間外労働時間など

　次に（2）施策の立案・実行段階においては、施策を人事の視点のみで考えてしまうことが考えられる。

　例えば、施策が事業側の目標やKPIにどのように貢献するかの検討が十分になされていないことや、人事側の運用の実現可能性は検討するが、現場の運用・負荷までは十分に検討がなされていないといったことがこれに該当する。

　最後に（3）効果検証の段階では、そもそも施策の効果検証・施策の改善が出来ていないことが考えられる。

　人事施策は効果の検証が難しいという特性もあり、施策を実行する前に、「何が」、「いつ時点」で、「どのような状態」になっていれば施策の効果があったと言えるか、またそれを「どのように計測するか」が十分に考えられていないことがある。施策実行後に効果検証が出来ていないため、現場にとって有意義な施策であったかが不明、また施策の改善につながらないといったことも「独りよがり」な状態を生む原因である。

4 機能不全②：「成り行き」人事

　「成り行き」人事とは、事業成長やM&Aによる規模拡大や、海外進出、

法令等の改正への対応等のために、その場しのぎの形で、人事業務や組織がつぎはぎ的に設計されている状態を指す。

こうした全体の設計図を失った「成り行き」人事の状態に陥ると、ガバナンス不在や組織効率の低下等が発生してしまう。具体的には、以下のような状況がこれに該当する。

- ●本来集約できる機能・業務を複数の組織や人事部員、子会社で分散対応し続けてしまう
- ●本社人事と事業所・子会社人事間の役割分担やレポートラインが曖昧なため、ガバナンスが効かずグループとしての最適な意思決定がされない

「成り行き」人事を生み出す原因も多く考えられるが、ここでは主な理由を「会社」「人事業務」「人事組織」の３つの観点から整理する。

まずは「会社」における人事の立ち位置に起因するものである。

多くの会社において、人事は経営や事業からの要求に基づき何らかの対応を迫られることが多く、人事組織や機能・業務もそれに応じて設計されがちである。経営陣や事業部の要請・意思決定結果のみを伝達され、その通りに対応するという「受け身」の対応を取った結果、人事としての意思や全体最適が欠如した組織・機能・業務を生んでしまう。

例えば、新規事業の立ち上げに伴い、従業員のスキル・経験などの管理をその事業独自で行いたいというニーズが生じた場合に、全体像の検討なく新規に事業部人事を新設してしまうケースなどがこれに当たる。特にCHRO（人事最高責任者）体制等を構築しておらず、経営陣や事業リーダーと対等に対話できる環境を構築できていない場合は、こういった状況になりやすい。

続いて「人事業務」の特性に起因するものである。

給与計算、法令対応、労務問題対応、人員整理など、人事が担う業務はタイムリーな対応が必須であることが多い。そのような状況では中長

期的な生産性や効果の大きさよりも今回の対応をいかに乗り切るかという点に重点が置かれ、結果として「成り行き」で設計された組織や機能・業務が生まれてしまう。

　例えば会社合併に伴って退職金制度を統一したものの、合併される側の従業員は旧来の制度を継続して適用させているため業務プロセスが複数存在している状況や、給与計算で何らかのイレギュラー対応が発生した際に、制度やシステムを修正せず業務プロセスをつぎはぎしていくことで作業が煩雑となっていくような状況が挙げられる。

　最後に「人事組織」の特性に起因するものである。前述の人事業務の特性も含め、採用、報酬、異動など、人事は機能ごとに縦割りでの組織運営が可能であるため、会社の統廃合や組織の見直しで人事内の構造が切り貼りされても一定の機能は維持できてしまう。また仮に多少運用に非効率な部分が存在しても、改善ノウハウ・スキル不足や問題意識の不足などにより、切り貼りされた組織・業務が見直されないという点も「成り行き」状態を慢性化させている原因と考えられる。（図2-9）。

図2-9：成り行き人事を生み出す原因

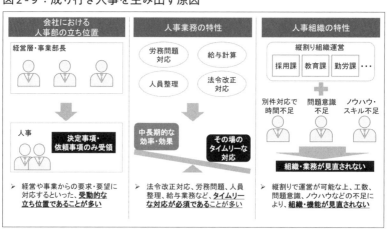

5 機能不全③ : 「管理者」人事

「管理者」人事とは、人事が従業員を「画一的に管理」しており、従業員一人ひとりに寄り添った、「多様な」人材マネジメントや働き方の提供が出来ていない状態を指す。

例えば、従業員のキャリアプラン・キャリアパスは従業員それぞれで、従業員の数だけ存在するはずである。しかしよくある人事制度は一定の年次・ランクになると「スペシャリスト」か「ジェネラリスト」の2コースの選択を迫り、その後はそれぞれのコースに設定された「固定的なキャリア」を歩ませ、一定年齢になると役職定年、また一定年齢になると定年退職(再雇用)、といった固定的なキャリアパスの提供に留まっているケースが多い。

既存事業の延長線上で安定的な成長が見込め、かつ日本人の就労観・環境、価値観が比較的同質であった時代においては、平等に処遇していれば企業活動を円滑に回すことができた。いわゆる日本的雇用システムの下、「平等」・「画一」を遵守しながら均質な人材を採用・育成し、均質な働き方をさせることが、これまで求められた経営スタイルであったためである。このような時代においては「管理者」的な人事が有効に機能していたといえる。

しかしながら、事業環境構造、労働市場、働き方・仕事の進め方など、企業を取り巻く環境が大きく変化している現在において「管理者」人事の状態で留まっていることは、従業員の働きやすさや働き甲斐の阻害によるモチベーション低下や退職リスク、労働市場からの評価低下による採用競争力の低下、人材の多様性を欠くことによるイノベーション阻害などの弊害を生じるリスクをはらんでいる(図2-10)。

図2-10：管理者人事を機能不全に陥れる主な環境の変化

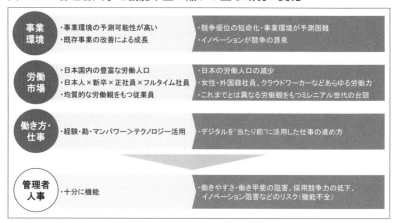

これまでの経験の中で、「管理者」人事からの脱却を阻む理由にはいくつかの傾向が見て取れる。具体的には、「Ⅰ．人材マネジメント・労務管理の多くを人事で担うため個別対応が困難」、「Ⅱ．人事施策に求められる平等・公平性に起因する画一化」の2つが挙げられる。

Ⅰ．人材マネジメント・労務管理の多くを人事で担うため個別対応が困難

　日本企業は欧米企業と比較して人材マネジメントや労務管理の多くを（本社）人事が担っているケースが多い。それぞれの長短の議論は別に譲るが、人事で一括して担う場合、どうしても管理の主眼は「全体最適」や「全体の公正性」に置かれることになりやすい。また、全従業員を相手にするため絶対的な管理人数が多いことから、従業員一人ひとりへのきめ細かな対応が難しくなる。

　例えば人事異動についてみると、4月の定期異動で一斉に大規模の異動が発生するケースにおいて、人事が個別従業員の特性やキャリア希望などを十分に考慮することは難しく、全体の玉突き調整結果の異動発令となってしまうということも発生している。こういった状況は「異動希望を毎年出し続けているにもかかわらず何年たっても自分の

やりたい仕事に従事できない」という理由で退職を検討してしまう従業員の発生につながってしまうこともある。

Ⅱ．人事施策に求められる「平等・公平性」に起因する画一化

　上述の通り、日本企業の人事諸施策検討においてはすべての従業員に「平等」であることが重んじられてきたと言えるが、その傾向は今なお根強いように感じられる。

　人事関連施策について立案・実施する際には、「全員（ないしは大多数）にとって平等であるか」という観点でチェックされ、特定の誰かだけに寄与するような施策は嫌われる傾向にある。また、この「平等」の方向性が、「成果に平等に報いる」、「平等にチャンスを与える」という機会提供の平等よりも、「平等（＝均質）に処遇する」、「平等（＝均質）に研修を受けさせる」という結果としての平等に主眼が置かれていることも多い。

　このように考えられる人事施策は結果としてすべての従業員を画一的に扱うことにつながる。

6 機能不全④：「アナログ」人事

　「アナログ」人事とは、テクノロジーの活用ができておらず、各種業務において人事部員の手作業、過去の経験を踏襲した対応、マンパワーに頼った属人的な対応をおこなっている人事の姿を指す。

　企業活動へのテクノロジー活用は年々進んではいるものの、人事においてはまだ活用できていないという企業も多いのではないだろうか。

　以下は企業におけるHRテクノロジーの活用状況について調査したデータであるが、7割前後の企業が、人事機能のほぼすべてにおいてテクノロジー活用をしておらず、また今後もその予定がないと回答している（図2-11）。

図2-11：企業におけるHRテクノロジーの活用状況

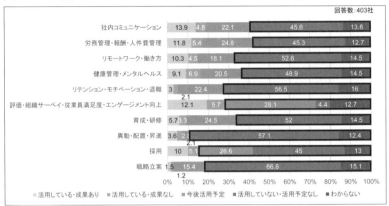

出所：日本の人事部（2018）「人事白書2018」

　人事が「アナログ」の状態から脱しきれない原因は多数あるが、いくつかの企業の事例を整理する中で見えてきた傾向を踏まえると「業務特性」と「組織特性」の2つの側面がある（図2-12）。

　人事業務の中には、改善したくとも人事内だけではそれが困難な特性を持った業務が多く存在する。
　例えば電子端末がない現場からの紙申請や、官公庁等への書類の提出などが代表的な業務である。こうしたものは人事の独断で電子化を図ることは難しく、関係各所への交渉や投資が必要なためデジタル化を諦めてしまうことが多い。
　また、テクノロジーが普及する以前の手作業が慣習化していたり、職人技のようなオペレーションが信奉されていたりする企業においては、そうした組織文化的な側面もデジタル化を阻害する要因となる。

　人事が「アナログ」であることは、ビジネスニーズや課題へのタイムリーな対応を難しくするとともに、従業員の職務満足にも影響を与えることとなる。
　前者の例としては、「部下のエンゲージメントを即座に一目で把握し

たい」「スキル・経験、人間性など総合的に後継者としてふさわしい人材が誰か知りたい」などの問いに即座に回答できないような状況が挙げられる。

また後者の例としては、従業員からの各種申請や評価シートの記入を紙や表計算ソフトで対応させてしまうことにより、通常業務を圧迫してしまうことなどが挙げられる。

1つひとつの原因や要素は短期的にみると深刻な影響を及ぼすようには見えないかもしれない。しかしこれらが時間をかけて積み重なっていくといつの間にか世界で急速に進行しているデジタル化の波から取り残され、企業競争力や人材マネジメントの面にも影響が出る大きなリスクを秘めている。

図2-12：アナログ人事から脱却できないよくある原因と具体例

業務特性	インプット/アウトプットが紙ベースの場合がある	✓ 工場勤務等のPC非支給者が存在するため紙の申請書が必要 ✓ 官公庁などからの情報等受領や申請が紙ベース
	複雑な制度やルールが多く存在している	✓ 昇降給や賞与計算などを複雑なルールで運用しており、Excelでしか計算ができない
	少人数を対象とした処理・イレギュラー処理が多い	✓ 一部の手当支給処理を効率化したいが、RPAなど自動化の投資対効果が見込めない
組織特性	異動が人事内(または同一の課など)に閉じる傾向にある	✓ 長年にわたり同じ担当者が同じ業務に従事しており、第三者の目に触れないため、問題意識が生まれにくい
	何よりも人との接点や直接的なやり取りといったアナログさが重視されがち	✓「システム化によって失われるものがある」ということが信じられており、合理化・高度化に後ろ向き
	職人技のようなオペレーションが信奉されがち	✓ 上記2つに関連して、暗黙知的なやり方や、個々人の技量に頼ったような手法に尊敬が向けられる

7 本章のまとめ

本章ではデータや過去の事例に基づき、人事の実態と陥りがちな機能不全の4つの症状を紹介した。

まず、多くの人事では、変革の必要性は理解しているものの、オペレ

ーションに追われているなどの理由により実行に着手できないというジレンマを抱えている。そうした状況に加えて、機能不全の４つの症状として「独りよがり人事」「成り行き人事」「管理者人事」「アナログ人事」について、その原因を踏まえて解説してきた。

　例えば「独りよがり人事」となってしまう原因としては、事業や従業員のニーズに十分立脚できていないことなどを挙げたが、突き詰めると「人事として貢献すべきことは何なのか」が明確となっていないとも換言できる。

　また「管理者人事」となってしまう原因として、人事の一括管理主義と平等・公平主義などを挙げたが、これも突き詰めると「人事として誰にどのような価値を提供すべきなのか」が明確になっていないとも換言できる。

　つまり、こうした機能不全の症状を目の当たりにした時に、それを引き起こす多様な原因が着目されてしまう傾向にあるが、実は「人事を人事たらしめる」重要な要素や観点が明確化されていないことが根源的な原因であることも多い。

　では、その重要な要素・観点とは何なのか。また、第１章で述べたようなこれからの時代に求められる人事とはどのようなもので、そうした人事へと変革していくためにはどのような考え方を取り入れていくべきなのか。こうした問いに対する答えを次の第３章で詳しく解説する。

第 **3** 章

これからの
世界で勝つ
"最強の人事"とは

1 人事変革コンセプト －「Future of HR」－

　前章において、現在の人事が陥りがちな症状を見てきたが、こうした症状に対して個別に対策を打つだけでは不十分である。それは、そもそも人事を取り巻くビジネスや労働力（ワークフォース）といった環境に大きな変化が生じているためである。

　例えば、デジタル革命や働く人の価値観の変化というものが特徴的なものであろう（図3-1）。こうした変化に対応していくためには、例えばコストセンターとしての人事から、バリューを提供できる人事へと変容を遂げる必要がある。そしてこのような環境変化を俯瞰的に見ながら、新たな人事の姿を構想していく必要がある。

　ゆえに、本章では「これからの人事が真に価値を発揮し、新しい未来に踏み込みこんでいくための観点はどのようなものか」という問いを軸に進めていく。

図3-1：人事を取り巻く環境の変化例

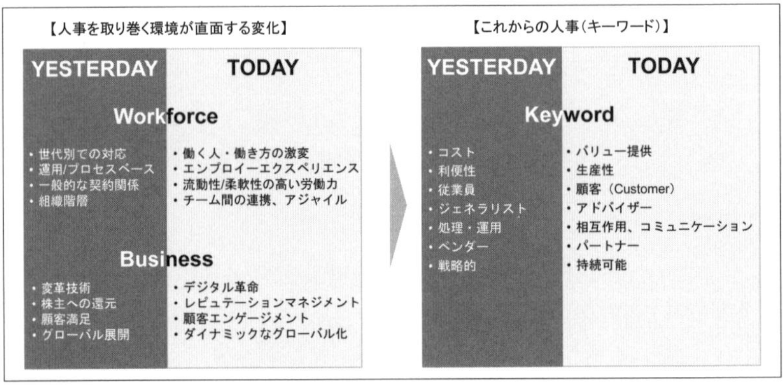

出所：デロイト（2019）「The High Impact HR Operating Model」

　まずご紹介したいのが、デロイトが「これからの人事」を考える上で欠かせない要素を整理して、「マインドセット」「フォーカス」「レンズ」「イネーブラー」という4つの領域でグループ化した『Future of HR』である（図3-2）。

最初にこの４つの領域がどのようなものかについて詳述する。

図 3 - 2：Future of HR

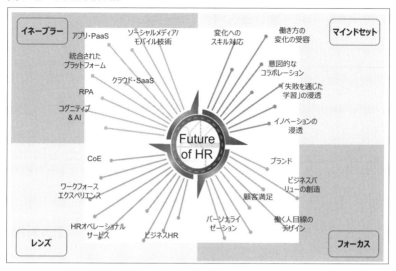

最強の人事をつくる観点①：マインドセット

「人事をつくる上で前提となる考え方」であり、人事の戦略、組織、サービス、制度などのあらゆる検討に反映していくべき要素である。

これまでの人事は、劇的な環境変化がない前提で、こうした検討を行うことが多かったのではないか。

例えば、これまでの評価制度は、評価基準を数年間更新せず、かつ設定された目標も半年ないし１年間は維持するものが多かった。しかし、複雑性・不確実性が高い時代において、変化のスピードに対応できる制度・施策を打ち出していくことはもちろん、変化そのものに対応できる組織を人事がつくるという観点が非常に重要となっている。

また、変化の激しい時代においては経営戦略自体にも変革が求められている。つまり、「迅速に試行を繰り返し、時に失敗し、そこから学習して新たな価値を創出していく」ことが求められているのである。更に、その中で人事は「イノベーション」という領域へ貢献することも期待さ

れている。

最強の人事をつくる観点②：フォーカス

「人事として誰にどのような価値を提供すべきなのか」という観点であり、人事の価値発揮のあり方と言い換えても良い。

まず人事の顧客として、ほとんどの企業では「従業員」を設定していると思われる。しかし第1章で述べたように、労働力の定義自体が拡張している。つまり、これまでは社内の従業員に対する制度・施策の検討を中心として問題はなかったが、これからはクラウドワーカーやギグ・ワーカーといった、社外の労働力を含めた活躍推進の検討を行っていく必要がある。加えて、働く人の価値観が多様化している中で、画一的な制度・施策ではなく、可能な限り一人ひとりの志向性やニーズに適合した制度・サービスを提供していく必要がある。

つまり、より広範で深い意味での「働く人中心・人間中心」の考え方に転換していくことが求められている。

そして従業員と並んで重要な顧客がビジネスリーダーである。ビジネスリーダーのミッションは言うまでもなく、事業価値の向上である。

これまでの人事は「バックオフィス」「間接部門」とも呼ばれ、前線に立つ彼ら・彼女らを遠くから支援する存在であった。しかし、本章の冒頭で述べたようにコストセンターから、バリューを提供・創造できる人事へと変容していくためには、ビジネスリーダーと並走して価値提供する存在へと転換していく必要がある。

最強の人事をつくる観点：③「レンズ」

マインドセットやフォーカスで述べたような戦略や機能を構想し描写したとしても、それを実際に顧客に届けるための媒介が必要となる。その媒介とは「人事としてのサービス提供体制」つまり人事組織とオペレーションモデルであり、ここでは「レンズ」と呼んでいる。

人事組織の形はこれまで、採用、教育、労務などの機能の軸に基づき分化され、それぞれの機能の中でガラパゴス的に進化してきた歴史がある。しかし1997年にミシガン大学のデイビッド・ウルリッチが発表した『人事変革モデル』において、人事は機能や業務といった「何を行うか」という軸から、「どのような価値を提供すべきか」という軸に基づき分化すべきという考え方が提唱され、組織の見直しを試みる企業が現れだした。だがそうした取り組みも実際のところ、効果を上げているとは言い難く、日本企業はおろか、欧米の企業においても人事がビジネスに貢献できると胸を張れる企業はいまだ少ない。

　2016年に行ったデロイトのグローバル調査では、「トップマネジメントレベルの重要な意思決定に人事が関わることができている」企業は半数にも満たず、「人事がビジネスの健全な意思決定に貢献している」という企業はわずか30%、さらには「人事はビジネスのことを十分に理解している」と回答した企業は17%に過ぎない（図3-3）。

　こういった問題を解決するためには、改めて人事全体の組織の形やサービス提供体制の見直しが必要となる。後述する「レンズ」の詳細パートでは、人事の組織として欠かすことができない5つの構成要素について説明する。

図3-3：人事のビジネス理解度合・関与度合についての調査

「トップマネジメントレベルの重要な意思決定に人事が関わることができている」
 44%

「人事がビジネスの健全な意思決定に貢献している」
 30%

「人事はビジネスのことを十分に理解している」
 17%

出所：デロイト（2016）「グローバル・ヒューマン・キャピタル・トレンド2016」

最強の人事をつくる観点④：イネーブラー

　「人事としてデジタル技術やシステム・テクノロジーをどのように活用していくのか」という観点であり、人事としてのインフラ・基盤と言い換えても良い。

　過去の人事にとって、システムやテクノロジーとは個別のタスクにおける1つのツールに過ぎない存在であった。しかし現在、企業の外に目を向けてみると、こうしたデジタル技術によってビジネスモデルそのものが消滅したり、大きな変化を余儀なくされているケースが存在する。こういった「デジタル・ディスラプション」と呼ばれる破壊的変化は、人事といった企業内部における活動においても不可避である。ゆえにこれまで述べた人事戦略や機能、組織、サービスなど人事のあらゆる設計において検討の前提として組み入れていく必要がある。

　とりわけ、今後重要になってくるのは「一元化されたエンゲージメント・プラットフォーム」という概念である。

　これまでも多くの人事は、クラウドシステムやアプリケーション、RPAといったような個々のソリューションを導入・構築することによって、業務変革を成し遂げてきた。しかし今後は、そういった個々のソリューションが統合されていることが重要となる。統合されている状態とは、一元的にデータを管理・活用されている状態にとどまらず、働く人にとって使いやすく、どこからでもアクセスでき、そして変化に対応できることなどの要件を充足している状態のことを指す。システム・技術の進化が激しい中で、使い手である経営陣や従業員が置き去りにならないようなグランドデザインが求められてくる。

　ここまで述べたような「マインドセット」「フォーカス」「レンズ」「イネーブラー」という4つの観点に基づきながら、人事変革をどのように検討していけば良いのか、それぞれの要素で今までと何が変わるのか、そして人事はどのような姿に変容していくべきなのかを具体的に説明していきたい。

2 最強の人事をつくる観点①：マインドセット

人事変革の観点の１つめがマインドセットである。

人事変革のマインドセットとしてまず外してはならないキーワードは、先述したように「環境変化への対応」と「イノベーションへの貢献」の２つである。

「環境変化への対応」を更に掘り下げていくと、人事が貢献していくべき経営戦略自体の変化と、組織構造の変化に行きつく。まずは経営戦略の変化とはどのようなものなのかを説明したいと思う。

（１）経営戦略の変化に対応していくために

最初に経営戦略の定義について簡単に触れておきたい。

ヘンリー・ミンツバークの『戦略サファリ』（2012）に基づくと、経営戦略は５つのPで説明が可能とされている（図３-４）。

まず「経営戦略とは何か」というWhatの階層においてはPlan（プラン）とPattern（パターン）という２つの視点が存在する。

Plan（プラン）とは「これからの行動指針・未来予測に基づく行動の計画」という視点であり、Pattern（パターン）とは「過去の行動の事実・過去の行動の分析に基づく体系」という視点である。

一般的には前者の未来に向けた視点の方を戦略と呼ぶイメージが強い。しかし、実際に実践された戦略や行動を観測すると、予想外の事態の発生や対応の発生により当初Plan（プラン）として立案されたものから、乖離するケースが往々にして存在する。近年は特にPlan（プラン）としての経営戦略、特に中長期的な戦略の重要性が低下しているとされている。

テューレーン大学のロバート・ウィギンズとテキサス大学のティモシー・ルフエリが2002年から2005年に発表した論文に基づくと、現在のような複雑性・不確実性が大きい時代においては、企業が持続的な競争優位を実現することは時代を経るごとに困難となっているとされている。

一方で、一旦競争優位を失ってからその後、再び競争優位を獲得する

企業の数が増加している。つまり、現代の優れた企業は長期間競争優位
性を持続しているのではなく、「一時的な優位を鎖のようにつないで、
結果として長期的に高い業績を得ているように見える」という分析結果
を提示している。

　経営戦略が、今後より短期的スパンでドラスティックに変化するとい
う前提に立った時に、人事が自らに問いかけるべきことも大きく変容す
る。つまり、これまでは「中長期的な経営戦略や事業戦略を実現するた
めに、どのような人材が必要で、どのようにマネジメントしていくか」
が従来までの「正しい問い」であった。しかし、これからはこの問いと
併せて「その経営戦略や事業戦略が明日もしドラスティックに転換する
ときに、それに耐えうる人的リソースと、人事の体制が準備・構築され
ているか」ということも自らに問い続けなければならない。

図3-4：戦略策定の5Pフレームワーク

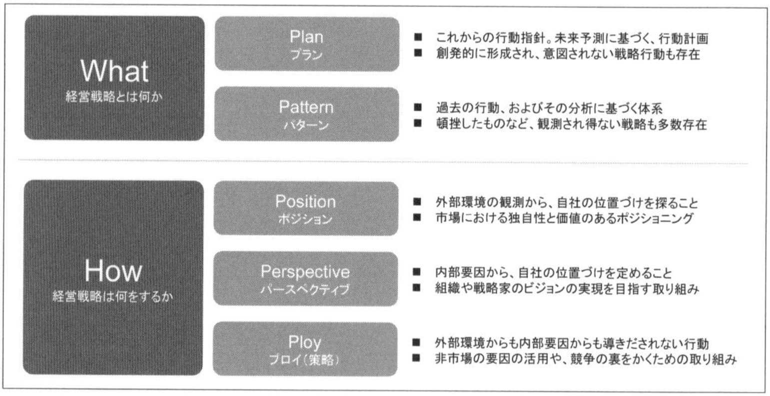

出所：琴坂将広（2018）「経営戦略原論」、H. ミンツバーグ（1987）「戦略サファリ」

　次に「経営戦略は何をするものなのか」というHowの階層においても、
これからの人事に必要な要件を見出すことができる。
　「経営戦略」はその重視する観点の違いに基づき、Position（ポジショ
ン）、Perspective（パースペクティブ）、Ploy（プロイ）という類型が

存在する。

Position（ポジション）とは、「どの産業で戦うか（産業の魅力度）」や「産業の中でどのようなポジショニングを取るか」を重視した戦略である。

次のPerspective（パースペクティブ）とは、「どのような内的資源で戦うか」を重視した戦略である。

最後のPloy（プロイ）とは、創発的アプローチとも呼ばれ、Position（ポジション）やPerspective（パースペクティブ）といった意図された戦略・計画的戦略ではなく、状況に対して柔軟に戦略を修正したり、相手の裏をかく戦術の検討をしたり、学習しながら積み重ねた行動の集積として実現される戦略のことである。

こうした戦略の違いは、企業にどのような影響を及ぼすのだろうか。各企業のROA（総資産利益率）の差異要因を分析した調査はいくつか存在するが、押しなべて見ると「産業効果（(ア) ポジショニングの要素）」で15%前後、「企業独自の要因（(イ) パースペクティブの要素」で45%前後で説明が付く一方で「その他の説明できない差異」が40%前後存在するという結果になっている（ロバート・M・グラント『グラント現代戦略分析』（2008）より）。

つまり、経営戦略においては「どこで戦うか」よりも「何を武器にどのように戦うか」の方が重要という結果となっている。

企業として何を武器として戦うか、つまり内部資源は、「ヒト」「モノ」「カネ」「情報・知的財産」「技術」「ブランド・信用」など様々な要素によって構成されている。しかしこうした資源の内、「モノ」「カネ」「情報」「技術」などの資源は次第にその価値を失っている。

例えば、現代は「コト消費の時代」と呼ばれるように、モノ自体ではなくそこで得られる経験や感情・感覚をより重視する傾向にあり、モノ自体の相対的な重要性が低下している。また情報や技術なども、取得コストが低下し、かつ模倣が容易になっている中で、決定的な差別化要因

になりにくい。そうした環境変化の中で、顧客に提供する経験価値とそのストーリーを紡ぎだし、企業としてのブランドを構築し、他社との決定的差別化を実現する「ヒト」の重要性がさらに高まっていく。

　加えて、ROAの差異要因の多くを占めている「その他説明できない差異」が、「状況に対して柔軟に戦略を修正したり、相手の裏をかく戦術によりもたらされている」と仮定すると、Ploy（プロイ）の視点もこれからの人事にとって欠かすことができない。なぜなら、現場の変化に基づいた柔軟な軌道修正や決断は「ヒト」にしか担うことができないからである。

　ゆえに、その場その場で状況を読み、進むべき方向性の仮説を構築し、決断して実行するというサイクル（OODAループという。P60コラム参照）を自律的に行える人材をいかに増やしていくかがこれからの人事としての大きな使命となってくる。

コラム **OODA（ウーダ）ループ**

　OODAループとは、アメリカの軍事戦略家であるジョン・ボイドが提唱した、先の読めない状況において競争に生き残り、打ち勝つための方法論である。世界各国の軍隊で採用されるだけでなく、PDCAに代わる新たな考え方としてビジネス界でも近年注目されている。

　PDCAサイクルの場合、最初にPlan（計画）から始まるが、OODAループの場合はObserve（観察）から始まる。つまり、自身が直面する外部状況やデータを素早く収集することが第1ステップとなる。次にOrient（状況判断・仮説構築）の段階で得たデータを、「5つのフィルター」を通すことで、意思決定に有益な「インフォメーション」に変換する。そこから意思決定を行い、直ちに行動に移すことで、競争の主導権を握ることができる（図3-5）。

　重要なことは、こうした意思決定様式を意識的に活用できるかどうかと、Orientの段階で素早く、確からしい仮説を構築するための知識・スキルを有しているかである。そうした人材を育てていくためには、これまでの総合的な知識・スキルを積み重ねていくような従業員教育の在り方から転換してい

くべき部分もあるのではないだろうか。

図3-5：OODAループ

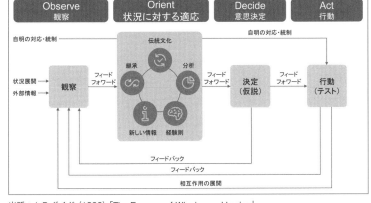

出所：J. R. ボイド（1996）「The Essence of Winning and Losing」

（2）組織づくりに対する貢献の深化

では、「ヒト」の力を最大限高めて、競争力の源泉としている企業はどのような人事戦略を打ち出しているのだろうか。

リクルートワークス研究所の発表した『人材を競争力の源泉としている企業では、人事戦略をどのように策定しているのか』（2016年）においては、日本と英国における企業を取り上げて、その人事戦略のあり方やその策定方法の特徴を抽出している。

「人材を競争力の源泉としている」か否かの基準は、①人材育成・人材活用の取り組み自体が外部機関から評価されていること（何らかの表彰を受けていること）と、②ESG投資のIndexに組み入れられていること（人材の投資に関して資本市場から高い評価がなされていること）との2つである。そのような企業においては、人事戦略に関して以下のような特徴が見受けられた。

Ⅰ．何らかのフレームワークで経営戦略との関連付けがなされてストーリーとして表現している

Ⅱ. 「人材ポリシーや大切にする要件」に関して語られている

Ⅲ. 組織設計や組織マネジメントに関しても人事戦略の中で語られている

　１つめについて、経営戦略との関連付けということは説明するまでもないが、「ストーリーとして表現している」点についても見逃すことはできない。

　人事戦略など抽象度が高い概念は、ともすれば単なる「お題目」として無視されてしまったり、実際の行動に繋がらないケースが多い。しかし近年注目されている「ストーリーテリング」などの手法を活用し、物語の中で人事戦略の実現に至る過程と、至った暁に訪れる世界観を鮮明に描くことで、記憶に残りやすく、また共感と動機づけにつながりやすい「意味のある人事戦略」を生成することができる。

　２つめの人材ポリシーや人材として大切にする要件を定義している企業は多いと思われる。一方で３つめの、組織設計や組織マネジメントは、経営陣や経営企画部の管掌領域としており、人事が関与しない企業が多いように思う。ではなぜあえて人事が組織づくりに貢献していく必要があるのだろうか。

　近年、ネットワーク組織やティール組織などのような新たな組織の形態が着目を浴びている（P74コラム参照）。

　こうした組織はこれまでのように「権限や責任」という二次元の表で示すことができない場合がある。つまり権限や責任だけでガバナンスを行うことが困難な世界なのである。

　このような組織を活用・マネジメントしていくためには、まず組織のメンバーがどのような志向性や行動特性を持っており、ガバナンスをどの程度・どのように効かせる必要があるのかを定義することが必要となる。

　更にガバナンスの実現手段は、組織文化やルール、評価指標といった

従来型の手段から、ピア・プレッシャー（同僚からの目）といった新たな手段を含めた設計をしていく必要がある。

　こういった領域は、まさに組織・人間の行動や心理を知り尽くした人事の関与が求められる。

　こうした多様なガバナンス手段が着目されている中、特に組織文化は、その効力に改めて着目がされている。

　まず一般的には、組織文化の効力には、「1　意思決定や行動の迅速化」「2　凝集性の向上と自由の付与」「3　知恵の結晶」「4　心理的な拠り所」の4つがあると言われている（図3-6）。

図3-6：組織文化がもたらす4つの効力

	効力	内容
1	意思決定や行動の迅速化	何らかの事柄の解釈・意思決定において、判断基準のすり合わせが必要ない。特にイレギュラーな事柄が頻度高く発生する企業においては有効とされている
2	凝集性の向上と自由の付与	企業文化や価値観に合わない意見は取り上げられることが無くなり、組織としての求心性を維持しやすくなる。また組織文化に従って行動している限りは行動の自由度も高まる
3	知恵の結晶	組織文化は先人たちの知恵の結晶として形成されていることが多く、個々人の能力や判断基準以上に確からしさを持つことがある
4	心理的な拠り所	企業市民として尊敬されるような文化を持つ組織に所属している場合、そのこと自体が誇りとなって有能感やモチベーションを高める

　しかしこれらのメリットは裏を返すと、変化する環境の中では、「抵抗勢力」として発現するリスクを秘めている。例えば、2の凝集性は、前衛的な意見や、組織の誤りを正そうとする意見が取り上げられなくなるなどの弊害も生じうる。こうしたことが蓄積していくと、最悪なケースとして不正隠ぺいなどの行為に繋がることもあり得る。このような力は非常に強力で、日本企業のようにゲマインシャフト（共同体的集団）的な文化だけでなく、欧米企業のようなゲゼルシャフト（利益主義集団）的な文化でも大きな弊害を招くことがある（P66コラムの「ナットアイランド症候群」を参照）。

　それゆえに、人事は「どういった組織文化を構築するか」ということに加えて、その文化がもたらす負の側面も洗い出したうえで、「どこま

での強度でこの文化を浸透させていくのか」という重大な決断を行う役割を持っている。

こうした文化を人事戦略のレベルまで昇華させている例が、アメリカを中心に映像ストリーミング配信を行っているNetflixである。

その象徴となっているのが『カルチャーデック』と呼ばれる組織文化のガイドで、FacebookのCOOであるシェリル・サンドバーグが「シリコンバレーから生まれた最高の文章」とも評したことでも有名である。英文で4,000単語以上を使って語られる文章には、まるで目の前で語りかけられているような熱意溢れる言葉で、「人の力を解き放つための人事の考え方」が明確に提示されている（文章はNetflixの採用ホームページで閲覧可能）。その文章の冒頭で語られているのは、彼ら・彼女らが持つ文化の5つの特徴である。

1）従業員による独立した意思決定を奨励する
2）情報をオープンに、広く、意図的に共有する
3）お互いが非常に率直である
4）非常に効果的な人員のみを雇用する
5）ルールを避ける

こうした文化の根底には、Netflixの持つ「成果と人の関係性」に関するシンプルな理念がある。Netflixが「高業績を実現する」ために必要として定義しているものは以下3つである。

●メンバー全員が最終目的を理解すること
●やりがいのある課題があること
●優れたチームメンバーが存在すること

そしてこのような状態を実現するために、「必要ないものを徹底的に排除し、必要なものは徹底的に用意する」ことがある意味でNetflixの人

事戦略なのである。

　例えば人事制度でいうと、有給休暇制度や人事考課制度、給与規程など、通常の企業であれば当たり前に存在するものが存在しないという。その中で例えば、有給休暇制度が存在しない理由は、前述した文化の1つめと関連している。つまり、「一人ひとりが独立した優秀な人材」であるという前提に立脚したとき、「そうした人材は自身でいつどの程度休暇を取るのかを決めることができるはずだ」という理由から、制度としての休暇は廃止されている。

　一方で、従業員一人ひとりに事業を深く理解してもらうための仕組みは徹底的に準備されている。

　例えば、新入社員に対しても、経営戦略や事業運営、業績指標に関する理解を経営者と同様のレベルで有してもらうための手厚い教育制度が存在する。そこで与えられる情報量は膨大で「消火ホースから水を飲むよう」だとも評されている。こうした「高業績を実現するために必要か否か」の「選別」はあらゆる制度・ルールで行われており、なおかつその選別と検証が迅速なサイクルで行われている。

　加えて、雇用する人材の面でもこうした「選別」は容赦なく行われている。

　「優れたチームメンバーが存在する」という状態を常に維持するために、本当に優秀かつその時の戦略実現に必要な人材のみを採用・雇用し、そうでない人材やNetflixのカルチャーに適合しない人材は容赦なく解雇する。

　こうしたNetflixの考え方はかなり極端であり、日本の企業として真似できる部分とそうでない部分があるとは思う。しかし、「何のために人事が存在するのか」「人材の力を最大限発揮してもらうために必要なものとそうでないものは何か」を自らに問い続けて、人事のあり方や人事戦略を研ぎ澄ませていくことは同様に必要とされているのではないだろうか。

コラム ナットアイランド症候群「規範的なチームはなぜ失敗したか」

　1980年代のアメリカにおいて、下水処理場の労働と言えば、3K（きつい、汚い、危険）の代名詞の仕事であった。だが、マサチューセッツ州にあるナットアイランド下水処理場の職員たちはまさに「理想の組織」をつくり上げていた。チームメンバーは皆、自分たちのミッションや仕事に対して誇りをもって取り組み、人員配置やトレーニング、予算管理やトラブル対応まであらゆることについてマネージャーの手を煩わせることなく、自律的に対応を行う組織であった。なおかつ、現代であれば非常に問題なのだが、給与水準がそれ程高くないにもかかわらず、残業手当を請求することもなく何千時間という時間外労働を行い、必要な部品があれば自腹で購入してしまう程であった。

　しかし、その素晴らしいチームが、1982年に半年間にわたって37億ガロンもの未処理下水をボストン湾内に放出してしまうという事故を起こした。大量の塩素を加えた上で海に排出する形であったが、それは海洋環境にとってより悪影響を与えかねない処理方法であった。チームの中ではそういった「（客観的には誤っている）独自のルール」が形成され、そのルールを順守すれば問題ないという意識が強く形成されていた。そのため住民から「未処理の下水が放出されている」という苦情があった際にも憤然と否定し、問題の深刻さを認識しなかった。

　ハーバード・メディカル・スクール副学長のポール・F・ルビーはこの一連の事件を分析して、ここで生じていた特徴的な組織力学を「ナットアイランド症候群」と名付け、様々な組織で起こりかねない現象であると提言している。

　ナットアイランド症候群は具体的には5つの段階を経て発症するとされている。

　第1段階では、マネージャーがチームに権限移譲を行い、チームが自主運営を行う中でチームとしての「プライド」が醸成される。

　第2段階は、マネージャーがチームに対して関心を払わなくなり、チームがマネージャーに対して憤りを覚える。

　そして第3段階では、「チームvs.組織」という構造がチームメンバーに浸透し始め、問題を内部に隠ぺいするようになったり、マネージャーに対して助けを求めることが無くなる。

　第4段階では、チームとして最適と考える「独自ルール」を形成し、本来行うべきミッションと乖離したベクトルに進みだしてしまう。こうした状態は

外観としては、チームとして自律的かつモチベーション高く働くことができているように見えることが多いが、実態としては最後の第5段階に至る前触れである可能性もある。

　そして第5段階は、完全にチームと組織が決裂した状態となり、チームが独自で描いたビジョンの阻害となる情報は何も受け付けないという状況になる。こうした状態に陥ると、もはやマネージャーや外部の者が問題を指摘したとしても、現実を受け止めることができなくなり、よほどの危機が生じるか、チームを解散させるなどしかその状態の解消が難しくなってしまう。

　この分裂状態はある意味、組織全体のベクトルや組織文化に対する、チームの中の「サブカルチャー」の対立構造ともいえる。こうした対立構造を防ぐためにポール・F・ルビーは4つの予防策を提示している。それが①チームと組織を結びつける業績指標の設定　②マネージャーの意識変革　③チームと他部門の積極的交流　④チーム間の人材交流の恒常化　である。これら4つはまさに人事制度や異動の仕組み、職場におけるコミュニケーション環境をどのように整備するかということであり、人事として真正面から考える必要がある事項である。

（3）イノベーションに対する人事の貢献

　ここまで人事の「環境変化に対する貢献」、つまり経営戦略と組織づくりへの貢献を説明してきたが、並んで重要なことが「イノベーションへの貢献」である。特に、競争環境の不確実性や複雑性が高まる現在において、イノベーションを起こすことができるかどうかが、企業の存続にも大きく関わっている。

　イノベーションとは、一般的にその言葉から想起される、研究開発や技術革新といった領域にのみ起こるものではなく、これまでと異なる仕事の進め方や、新しいビジネスモデルの創出といったより広範な領域で生じるものと定義できる。既に多くのグローバルトップ企業がイノベーションの創出を企業の重要な経営課題と位置づけ、経営者自ら率先して改革を牽引している。

　例えば、P&G社のCEOアラン・ラフリーは、自身の業務の中核にイノベーションの取り込みを据え、外部からの先進的なアイデアの取り込

み、イノベーション創出を専業とした独立組織を組成するなどの取り組みを行い、2000年から2008年の間に研究開発費比率を半減させながら売上を倍増させることに成功している。

　他方日本に目を向けてみると、2018年に日本経済新聞と一橋大学イノベーション研究センターが共同で行った、企業の「イノベーション力」ランキングによれば、上位30社のうち日本企業は1社のみがランクインといった結果であり、いまだ後塵を拝していると言わざるを得ない。また、当社が2012年に実施した『イノベーション実態調査』の結果、日本企業は米国企業と比較して、新規領域からの売上高の割合が小さく、新しい製品や事業の創出を苦手としていることが明らかになっている（図3-7）。

図3-7：売上高に占める新規・既存領域の割合

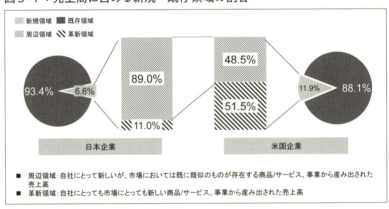

出所：当社（2012）「イノベーション実態調査」

　では今後優れたイノベーションを創出し、企業業績を向上していくためにはどうすれば良いのか。以降、人事の役割について考えていきたい。

　イノベーション（知と知の掛け合わせ）を創出するための要件として、エリック・シュミット『How Google Works』（2014）やフレデリック・

ラルー『ティール組織』（2018）、クレイトン・クリステンセン『イノベーションのDNA』（2012）など、イノベーションに関して考察した文献から抽出した要素は以下3つである。これらの要素にはすべて人事が貢献できる余地が多分に存在する。

Ⅰ．企業の存在意義や仕事の大義・目的が従業員に浸透しているか？
Ⅱ．異なる専門性を持つメンバーが対話し協働する環境はあるか？
Ⅲ．失敗が許容される組織風土であるか？

Ⅰ．企業の存在意義や仕事の大義・目的が従業員に浸透しているか？

　企業の存在意義や仕事の大義・目的を示す重要性は、個々人が自分の中で設定する目標のレベルを飛躍的に高める効果があるとされている。それは、会社の評価制度等で明示的に設定するものだけでなく、個人の意識の中で暗黙的に設定するものも含まれる。そして、その目標の高さがこれまでの延長線上にないアイデアや取り組みを促進することにある。

　例えば、ある企業では「社会に存在する『不』を解消すること」を大義として設定しているが、こうした大義に共感した個人が設定する目標は、個々人が認識している課題や担当している仕事の延長上で設定する目標よりもおのずと高くなるであろう。こういった状態を実現するためには、大義そのものの高さと、それがどの程度浸透しているかの深さの両面で考える必要がある。

　まず「大義の高さ」の面でいうと、これまでも日本企業では創業理念や経営ビジョンなどで企業の社会的意義について明文化を行ってきた。労務行政研究所が実施した「経営理念の策定・浸透に関するアンケート」（2017）によれば、99％の日本企業がその企業理念を明文化しており、うち85％の企業が社外公表をしている。しかしこと「大義の深さ」の面において、個々人が「大義の実現こそが自身のやりたいことである」と感情として湧き出てくる状態を創出している企業は非常に稀なのではないだろうか。ほとんどの企業においては入社式や年1～2回の全社会議、

年数回の社長メッセージなど非常に限定的な機会において内容を伝えている程度であり、普段の仕事の外に企業の大義が存在している状態となっている。

　では会社が掲げる大義を、組織あるいは個人に浸透させていくためにはどうしたら良いか。
　その取り組みの例の１つが「OKR」という目標設定の手法である。OKRとは、Objectives and Key Resultsの略語であり、目標設定の流れの中に「会社としての大義を伝達し、それを個々人の行うべきこととして咀嚼する仕組み」が組み込まれている。まず会社全体のObjectives（目標）を設定し、それを実現するための、Key Results（主要な成果）を設定する。個々の主要な成果に対し、各組織は自組織の目標と、それを実現するための主要な成果を設定し、更に個人レベルまで連鎖的にかみ砕いて設定していく（図3-8）。こうしたプロセスは上司からの押し付けで行われるものではなく、個々人の発意を尊重しながら実施される。

図3-8：OKR（Objectives and Key Results）

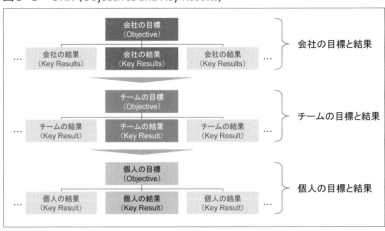

　こうした手法は多くの企業で実践しているMBO（Management by objectives and self-control）とさして変わらないように思えるが、大き

な違いの1つは個々人の設定する目標のレベルにある。

　MBOにおいて設定する目標は「ルーフショット」とも呼ばれるが、100%達成することが前提となるレベルで設定されることが一般的である。

　一方でOKRでは設定する目標は「ムーンショット」とも呼ばれ、成功率が50%程度の非常に高いレベルが求められる。こうしたOKRなどの手法は、企業の存在意義や大義を個々人の目標に落とし込むことに加えて、個々人の立てる目標を個々人が認知している世界の外に強制的に向かわせて、イノベーションが生じやすい環境を醸成する。

Ⅱ．異なる専門性を持つメンバーが対話し協働する環境はあるか？

　個々人のめざす目標値を高めたうえで次に行わなければならないことは、個々人の知と知を掛け合わせる環境を整備することである。特に破壊的イノベーションと呼ばれる既存の枠組みの延長線上にないような知の飛躍を実現するためには、かけ離れた領域の知と知を組み合わせる必要がある。そのためにはまず多様な知識や専門性、バックグラウンドを持つ者同士が協働するための環境をつくるとともに、メンバーの間で対話や創造的摩擦を生じさせる必要がある。

　では対話や創造的摩擦を生じさせていくために人事ができることは何だろうか。例えば、オープンイノベーションの促進に向けた「場」を作ることが挙げられる。

　オープンイノベーションとは、「企業が自社のビジネスにおいて、外部のアイデアや技術を積極的に活用すると同時に、他社に対しても自社の保有するアイデアや技術を活用させる」ことを指す。自社と他社といったかけ離れた領域で培われた知と知を、オープンイノベーションという場の中で具現化していく。こうした場づくりを人事主導で構築していくのである。

　他にも、「兼業・副業の促進」などが人事施策として挙げられる。リクルートキャリアが発表した『兼業・副業に対する企業の意識調査』(2018)

に基づくと、既に28.8%の企業で兼業・副業を容認・推進している。こうした一歩踏み込んだ取り組みが行われるのは、ダイナミックなイノベーションを創出していくためには、単に表面的な知識（形式知）の掛け合わせや活用だけでは不十分なためである。野中郁次郎『知的創造の方法論』（2003）で提唱されたSECIモデルに基づくと、形式知よりもさらに深い暗黙知を活用していくためには、その暗黙知を持った人物と共に何らかの体験・経験を行うことが必要とされている。ゆえに、既に可視化された情報を間接的に収集・活用するに留まらず、人がその場に行って共体験や創発を行っていくための仕組みを構築していく必要がある。

Ⅲ．失敗が許容される組織風土であるか？

最後にイノベーション創出に必要な要件として、「失敗が許容され、迅速な追求・見直し・調整を通じた実験が行われている」ということが挙げられる。イノベーション創出は、（1）個人が所属組織の中でアイデアを創出し、（2）その組織が創出されたアイデアを結実し会社として事業化する、といった2つのステップを踏む必要がある。そのため、「個人としての失敗の許容」と「組織としての失敗の許容」という2つの観点から説明を行いたいと思う。

まず「個人としての失敗の許容」がどのようなものであり、どのようにイノベーションの創出に寄与するのであろうか。

例えば新商品を検討するミーティングにおいて、何らかのアイデアを求められたことを想像してほしい。自身の中には良いアイデアが浮かんでいるが、「周囲はこのアイデアについてどう思うだろうか」「否定される・馬鹿にされるのではないか」など、周囲の批判や自身のアイデアに低い評価が下ることを恐れ、口をつぐんでしまう。そういった経験はないだろうか。そのアイデアが新商品開発において重要なブレイクスルーに繋がる可能性があったにもかかわらず、である。

このように組織に所属する個人が、自身の考えやアイデアを組織内の他メンバーに披露するに際し、無知・無能と思われることを恐れている

状態を「心理的安全性が低い」状態という。

　心理的安全性という言葉は、ハーバードビジネススクール教授のエイミー・エドモンドソンが提唱した考え方であり、最近ではGoogle社が自社プロジェクト「プロジェクト・アリストテレス」の中で、心理的安全性が高い組織では、多様なアイデアが創出され、高いパフォーマンスを上げているという実証結果を導き出している。個人の心理的安全性が高い組織を作ることが、イノベーション創出における人事の役割の1つである。

　では心理的安全性が高い組織、あるいはそうした組織文化を醸成するためにはどうしたら良いのか。

　具体的な方法の1つに、1on1 Meetingを始めとする高頻度フィードバックの実施がある。1on1 Meetingを通じて、日々の業務で感じる不安や心配事等を上司に相談したり、時にプライベートな会話や悩みを打ち明けることによって、従業員はより安心して日々の業務に取り組むことができる。また上司がそうした時間を部下のために作ることにより、本人と上司間の相互理解・信頼関係の醸成に繋がるとともに、「権威勾配」と呼ばれる心理的距離感や高低差が縮まり、最終的に心理的安全性を担保した環境を構築することができる（図3-9）。

図3-9：高頻度フィードバック実施による心理的安全性の担保

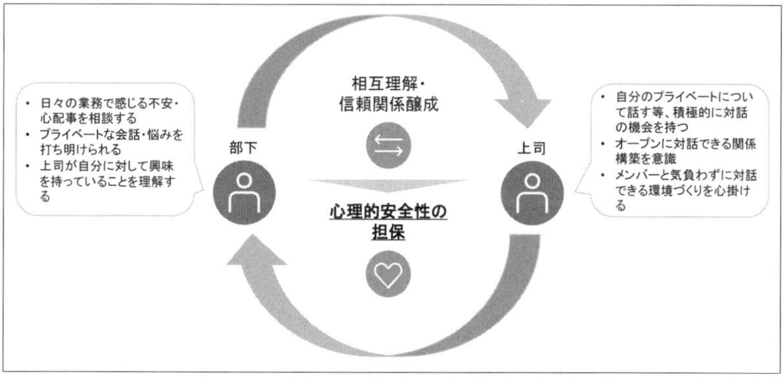

次に「組織としての失敗の許容」に視点を移してみたい。イノベーションの創出においては、前述した通り、「迅速に試行を繰り返し、時に失敗し、そこから学習して新たな価値を創出していくこと」が重要である。そのためには、会社として「一定の成果」を求めるのではなく、そうした取り組み・チャレンジそのものを評価するということが必要となる。

　例えばある企業では、表彰制度を通じて、社内外問わず優れたコラボレーションや、これまでにない新しい価値の創出につながった取り組みを、創立記念日のイベントで大々的に表彰している。また、別の企業では従業員のアイデアを積極的に特許出願すると同時に、当該従業員に対し報奨金の支給を行っている。加えて、特許出願したアイデアのうち、よりイノベーティブであると評価されたアイデアについては、全社的な表彰を行っている。

　ここまで見てきたイノベーション創出の３つの要件と人事ができる貢献は、それぞれを見てみると突飛なことではない。

　組織の大義を浸透させ、個人の目標を高く持たせて、創発を促し、基盤としての心理的安全性を担保する。こうした仕組みを自社の戦略に合ったスタイルで構築し、「イノベーションに貢献しているか」という目線で問うことで全体としての整合性を担保することが今後の人事に求められるのである。

コラム　ティール組織

　ティール組織とは一言でいえば、自主経営（セルフ・マネジメント）チームの集合体である。会社の規則やルールに基づくのではなく、個々のメンバーが主体性を持ち自主的にチームを推進していく。またチーム推進の拠り所となる判断の基準についても、会社から与えられるのではなくメンバー間で共有された目的意識や価値観が判断基準となる。そのため、その意思決定のプロセスも完全に分権化されており、大幅な権限移譲がされることとなる。

　こうしたティール組織の特徴は、従来の階層型組織が抱える課題を克服で

きる可能性を秘めている。すなわち、環境変化が速い現在においては、各階層間のコミュニケーションで生じるタイムラグが命取りとなりうるが、ティール組織では迅速な意思決定が可能である。

そのことは製品やサービスのリリースにあたり、計画や社内調整に時間をかけるのではなく、プロトタイプをまずリリースし教訓を次に生かすやり方、つまり「実験と学習」の仮説検証サイクルを回すことときわめて相性が良く、イノベーション創出に資する可能性がある。

またティール組織は、従業員エンゲージメントの向上にもつながる。階層型組織において、メンバーは会社から与えられたKPIや数値目標の達成に追われ、本来の事業の目的、例えば顧客に喜んでもらいたい、といった根源的な想いがなおざりになりがちである。なぜ自身がその仕事をするのか、仕事を通じてどのように世の中に寄与しているのかがわからなくなる。ティール組織は、こうした目的意識や価値観こそを、組織運営の軸・判断基準に据える。自身のやりたいこと・成し遂げたいことと組織の存在意義とがシンクロし、その中でメンバーは強いやりがいを見出すことが可能となる。

デロイトの『グローバル・ヒューマン・キャピタル・トレンド2019』でも、階層型組織からティール組織のようなチーム型組織へのシフトを重要なトレンドとして取り上げており、チーム型モデルを取り入れた企業の7割以上がパフォーマンスの向上を実感している。ただし、ほぼ全ての業務をチーム型で行うところまで徹底している企業は全体の8％にとどまっており、大部分の企業は階層型組織の枠組みの中で、部分的にこうしたチームを活用している。

チーム型組織へ完全に移行しようとすると、階層型組織で前提としてきた意思決定方法や評価・報酬決定方法、そもそもの企業のコアとなる価値観を問い直す必要があり、この点にハードルを感じる企業が多いようである。しかし、導入のハードルを差し引いてなお、ティール組織の導入が企業に与えるメリットは大きい。

3 最強の人事をつくる観点②：フォーカス

人事変革の観点の2つめが、人事の顧客とその提供価値としてのフォーカスである。

従業員を中心に見据えた人事という言葉はこれまでも多く語られてきたが、真に「働く人・人間中心」の人事を実現するため何をどのように転換していけば良いのだろうか。また、人事としてこれまで以上にビジネスリーダーへ貢献するためには、何を行っていけば良いのだろうか。

①　従業員への貢献

　まず従業員に対するサービス提供の概念は、「カスタマー・エクスペリエンス」と「マーケット・イン・アプローチ」という2つの考え方に基づき変容を遂げている。これらはマーケティングにおける用語であり、「商品やサービスの購入前後におけるプロセスや、その商品・サービスを利用する際に顧客が体験する感覚や感情、経験を重視した考え方」のことを指す。

　こうした考え方を人事の領域にも取り入れ「従業員の経験価値を重視する」考え方として「エンプロイー・エクスペリエンス」などの用語が近年使用し始められている。しかしこれからは前述した通り、社内に抱える従業員だけでなく、社外のクラウドワーカーやギグ・ワーカーなども含んだあらゆる労働力（ワークフォース。以降「従業員等」と呼ぶ）に対して経験価値を向上させる必要がある。実は、この「従業員等の経験価値」という考え方は2018年に実施したデロイトの『グローバル・ヒューマン・キャピタル・トレンド』に基づくと、約80％の経営層が「非常に重要視している」と回答しており、大変関心が高まっている。また調査対象の企業の内、「従業員等の経験価値」のレベルが上位25％に位置する企業は、下位25％の企業に比べて以下のような特徴がみられるという結果であった。

・現在の組織に留まる意向を持つ従業員等の数が4倍程度多い
・2倍以上のイノベーションを創出できている
・2倍程度の顧客満足度を実現できている
・25％程度多くの利益を上げている

この「従業員等の経験価値」はデロイトの分析によると、Ⅰ．組織経験、Ⅱ．物理的経験、Ⅲ．デジタル経験の要素の掛け合わせにより構成されていることがわかっている。これらそれぞれの要素と、そのレベルを向上させるための考え方や施策の例を紹介したい。

Ⅰ．組織経験

　組織経験とは、周囲の人々、組織から受ける価値、継続的な学習環境、マネジメントスタイル、コミュニケーション、雇用される企業のブランド、報酬などを通じて与えられるものである。これらの要素は従前から、エンゲージメント向上のために重視されており、人事としての施策も多く打たれてきた領域であると思う。

　しかし今後さらにそのレベルを向上させるために、具備すべき重要な3つの要件がある。それが「アジャイル（迅速)」「パーソナライズ（個々人に適合した)」「ホリスティック（包括的)」である。

　まず「アジャイル」とはその制度や施策が活用される頻度を高めるという意味と、その制度・施策そのものを見直すサイクルを高速化させるという2つの意味がある。

　まず前者の例としては、人事評価・考課制度のサイクルの見直しが挙げられる。これまでの評価制度は年1～2回程度の評価とフィードバックを行うことが一般的であったが、そうした年次のサイクルよりも、週次レベルのより高頻度なコミュニケーションやフィードバックを重視するような制度がトレンドになっている。

　また、後者に関しては、従業員サーベイの内容と頻度の見直しが例として挙げられる。週次レベルで簡易的な調査を従業員に対して行う「パルス・サーベイ」と呼ばれる手法を用いて、職場や人の状況だけでなく、制度や施策の効果を常時モニタリングし、その改善を高頻度で行っていくことが主流となりつつある。実際、欧米の企業などでは、人事制度改定後のパルス・サーベイ結果に基づき、わずか数日でその軌道修正を行っている例も珍しくない。

次の「パーソナライズ」とは、制度や施策を個々人に適合させるという意味である。

　これは、例えば一律的な報酬水準の設定を複線的にしていくだけでなく、報酬の支払い方自体も本人の希望に基づき設定することなどが含まれている。例としては、欧州のあるコンサルティング会社では、候補者が採用オファーを承諾する際に、現金報酬か株式報酬か、1か月の追加休暇か高い報酬か、貢献に基づくメリハリのある報酬か緩やかに安定した昇給かを選ぶことを可能としている。

　最後の「ホリスティック」は、様々な志向性・バックグラウンドを持った従業員の公平性・公平感を尊重するという意味である。

　これは、前述したパーソナライズと表裏一体の関係性になることが多い。つまり、個々人に適合した制度や施策を準備した場合、その条件に適合しない従業員にとっては不公平感に繋がることもある。例えば家族手当や子供手当、住宅手当などがその一例である。

　こうしたパーソナライズとホリスティックのトレードオフはどの企業でも選択に迫られているが、重要なことは自社の人事戦略や構築したい文化を踏まえたときに、最もストーリーとして成り立つ選択肢はどれかを判断することである。

Ⅱ. 物理的経験

　物理的経験とは、オフィスや建物などの空間や、ファシリティ（設備）、職場環境などを通じて与えられるものである。こうした領域は、近年「働き方改革」と呼ばれる取り組みで取り上げられることが増えている。

　「働き方改革」と言えば、労働時間の改善や健康経営といったキーワードは既に馴染みが深いものであると思うが、特に近年着目されているのが、オフィス環境やファシリティといった、ハード面の変革である。例えば、ABW（アクティビティ・ベースド・ワーキング）という考え

方に基づきオフィスレイアウトを見直す企業が増えている。

　ABWとは、仕事を進める上で必要な「活動ごとに」適したオフィス空間を準備するという考え方である。例えば、あるエリアは個人ワークに集中するための空間として、仕切りのある机や椅子が設置されており、別のエリアにはグループで作業を行うための空間として、大きな机やモニターなどが設置されている。その時、従業員が行うべき活動に最も適した空間を提供することで、生産性や創造性を高めることを目的としている。

　更に一歩進んだ取り組みとしては、従業員のオフィスにおける動線を意図的にデザインする企業も存在する。あえて様々な場所で「立ち話」が発生するようにコーヒーマシンなどを設置し、そこにホワイトボードを設置することで、その会話を新しいアイデアに繋げていくことを目指す取り組みが、Googleなどで採用されている。

Ⅲ．デジタル経験

　最後のデジタル経験は耳慣れない言葉かと思うが、パソコンやタブレットといった仕事上のデジタル・ツールの使用を通じた経験のことを指す。

　仕事においてデジタル・ツールが欠かせない現在において、こうした経験まで踏み込んだ改善をしていくことの重要性が高まっている。例えば、仕事で活用する機器やアプリケーション、データベースなどの使い勝手や処理速度などが非常にイメージしやすいのではないだろうか。

　仮に仕事上で何らかの数値分析を行う必要が生じたとしよう。その際に、様々なデータベースから情報をダウンロードする必要があったり、アプリケーションの起動・処理速度が遅かったり、分析のための操作が非常に難解である、といった状況は生産性の低下だけでなく、職務そのものの満足度を低下させる。特にデジタル・ネイティブ世代と呼ばれる「学生時代から、インターネットやパソコンのある生活環境で育った世代」はデジタル経験への期待値が高い。なぜなら私生活で使用するSNS

やオンラインショッピングのサイトなどと比較して、その使いやすさを判断する傾向にあるためである。こうした状況に対して、例えば一元化されたデータ・プラットフォームの整備を行ったり、個々人に対して最適化されたUIの提供を行うことなどがデジタル経験を高めることに繋がる。

　このデジタル経験は単に個人の仕事能率性の観点だけでなく、チームワーク促進の観点も忘れてはならない。例えば、バーチャル空間で従業員同士が日々インタラクティブに協働し、繋がることが出来るためのツールやコミュニケーション空間を整備していくことも、デジタル経験の向上の一環である。
　こうしたコラボレーション・ツールには、リアルタイム性のあるものと非リアルタイム性のあるものの２つが存在する。前者の例としては、資料やデータをサーバー上に保管して、大人数が閲覧・編集等を可能にするものが挙げられる。後者の例としては、Web会議システムやWebinerと呼ばれるオンラインセミナーツールなどが挙げられる。特に後者については、５Gと呼ばれる次世代通信システムの導入によって、よりスムーズな通信環境が整備されるだけでなく、３D遠隔会議のシステムなど近未来を思わせるツールが開発されつつある。

　ここまで説明した３つの「経験」はそれぞれ独立している訳でなく、相互に影響を及ぼすものである。例えば、ウェアラブル・デバイスを活用した、従業員の健康状態の把握などは、Ⅱ．物理的経験とⅢ．デジタル経験の掛け合わせである。ゆえに、人事としての施策を立案する際には、要素の組み合わせを検討しながら、最終的な「従業員等の経験価値」の向上を実現させていく必要がある。そしてそういった検討においては実際の従業員等の声を聴きながら、パイロット運用やフィードバックを繰り返しつつ修正を行っていく。こうしたアプローチを適用することで、より適切な施策・ツールなどを迅速に開発することが可能となるのである。

②　ビジネスリーダーへの貢献

　ここまでで、従業員等に対する貢献のあり方を説明してきたが、並んで重要な顧客がビジネスリーダーである。

　人事がビジネスリーダーへ貢献するという考え方は、多くの企業において既に所与のものかと思われる。しかし、ビジネスリーダーが提示するビジョンや戦略を下支えするという位置関係ではなく、経営戦略実現に向けた「真のパートナー」としての関係性を築く必要がある。真のパートナーとなるためには、人と組織の状態に関する定量的な指標に加えて、データ化できない現場の状況を押さえたうえで示唆を提供できることが必要となる。加えて、ビジネスリーダーが下す意思決定に対して心理学的観点や行動分析学などの観点から客観的な助言を実施することや、場合によっては苦言を呈していくことも期待される。

　まず、人事は「経営目線」と「従業員目線」の両面から人事指標を押さえる必要がある。なぜなら、そうした指標は最終的にビジネスリーダーとして説明責任を果たすべき財務等の指標と繋がっていくからである。

　前者に関しては例えば、一人あたり生産性や人件費効率等の指標であり、財務諸表の各数値と関連付けられるものである。「従業員目線」の指標で真っ先に挙げられるものとしては、従業員サーベイの結果や労働時間、離職率などの数値であろう。こうした数値を押さえる上で重要なことは、その「鮮度」である。例えば、従業員サーベイ結果は往々にして、数か月前の情報を活用することが多いが、先ほどⅠ. 組織経験の項で取り上げたパルス・サーベイの例の通り、より直近の動向がわかるものを優先的に活用する必要がある。

　また、指標の中には先行指標と遅行指標がある。先行指標とは、文字通り物事に先立って変化する数値のことで、遅行指標は物事の後に変化する指標のことである。例えば、従業員の退職率を低下させるというゴールがあったときに、出勤率や遅刻回数など退職の予兆を示すような指標が先行指標である。こうした先行指標を活用してビジネスリーダーに

対してプロアクティブな提言を行っていくことが求められる。特に事業環境や従業員の想いが、短スパンかつ多種多様に変化していく中で、これからの人事はビジネスリーダーがより正確な判断を下せるように、指標のデザイン自体を行う役割も求められる。そして更に言うと、こうした指標の先に人事ビジョンや経営理念などが繋がるような設計を行っている企業も出現し始めている。

　また、ビジネスリーダーが下す意思決定は、言うまでもなく事業や組織に多大な影響を及ぼす。もっと言えば、事業や組織の失敗はビジネスリーダーの意思決定の誤りから始まると言っても過言ではないだろう。

　例えば、『失敗の本質』（戸部良一ら、1991年）しかり、エクセレントカンパニーの凋落の原因を分析した『自滅する企業』（ジャグディッシュ・N・シース、2008年）しかり、様々な書籍・文献で「失敗はなぜ起こるのか」が分析されているが、突き詰めていくと「人間心理の持つ脆弱性」に行きつく。

　そのような「意思決定をゆがめる心理的な落とし穴」は、あらゆる組織のビジネスリーダーが陥る可能性がある（図3-10）。こうした過ちを察知し、是正することが人事に求められる。加えて、ビジネスリーダーに対する教育プログラムの中に、そういった心理的な脆弱性を自身が認知し、回避するための教育を行っていくことも事業継続性に資するという観点から重要となる。

　こうした定量的な領域と定性的な領域の両面における専門性や知見を武器として用いながら、ビジネスリーダーからの信頼を獲得するとともに、対等な関係の中で貢献していくことが求められている。

図3-10：意思決定をゆがめる心理的な落とし穴の例

落とし穴（例）	内容
アンカリング	意思決定において最初に得た情報に大きく影響される傾向
現状維持バイアス	幾つかあるオプションの中で現状維持を選択しやすい傾向
サンクコスト（自己正当化バイアス）	過去に自身が下し、今となっては何の意味もない意思決定を正当化しようとする傾向
確証バイアス	その時点で抱いていた直感を裏付けるような情報しか受け入れない傾向
フレーミング	事象や問題に関する理解を過去の枠組みや都合の良い基準に当てはめる傾向

出所：J. S. ハモンド（1998）「The Hidden Traps in Decision Making」

4 最強の人事をつくる観点③：レンズ

　人事変革の3つめの観点がレンズである。従業員やビジネスリーダーといった顧客に対する貢献を加速させ、かつ変化する環境に迅速に対応するためには、人事組織・オペレーションモデル（体制）も変革していくことが求められる。

　デロイトの調査によると、第1章4「人事は『経営の世界』に影響を与える」のパートにて触れた、Level 4「先進的かつ一人ひとりに適したサービスを提供している」と定義される人事は5つの構成要素から成り立っていることが分かっている。それが「HRリーダーシップチーム」「コミュニティーズ・オブ・エクスパティーズ（CoE）」「HRビジネスパートナー（HRBP）」「HRオペレーションズ（HR Ops）」「外部ネットワーク・パートナー」である（図3-11）。

図3-11：デロイトの「High Impact HR」モデル

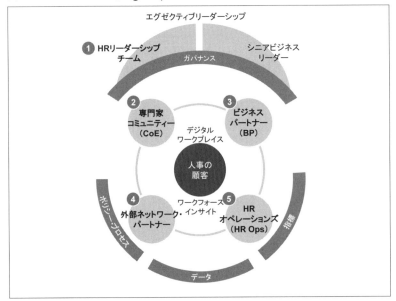

出所：デロイト（2019）「The High Impact HR Operating Model」

　これら5つの構成要素がA. どのような貢献を行うのか、B. どのような組織能力を有しているのか、C. 役割の（職位レベル）イメージはどのようなものか、D. 組織としてどのような構造となっているか、E. 主な顧客は誰かという点についてそれぞれ解説していきたい。

① HRリーダーシップチーム
　人事全体を統括しリードする組織またはチームである。上位のビジネス・リーダーとの連携を通じて、人事としてのビジョン策定やカルチャー醸成、人事施策の優先順位付けなどを行うことが主な役割となる（図3-12）。

　このHRリーダーシップチームが行う貢献に関して、特に重要視されている役割がある。
　まずその1つが、デジタル化の推進である。これまでにも述べてきた

84

通りデジタル・テクノロジーが人事のあり方を大きく変化させようとしている。HRリーダーシップがシステムやツールの導入とその活用を推進するとともに、人事のデジタル・リテラシーを一段高いものにする役割が求められている。

　例えば、後述するHRオペレーショナルサービスと呼ばれる人事業務を担う組織は、これまで「業務を迅速かつ正確に処理すること」がミッションであった。そうしたミッションをデジタル・テクノロジーの導入により、「より広範囲のデータを処理するとともに、集積された情報の分析・活用基盤を構築する」というものに変化させていくことが重要な役割の例である。

　また、別のトレンドとしてはオープン・ネットワーク化の推進がある。

　これまで人事は領域別の専門家が、1つの部門やチームとして組成され、その組織の中で制度や施策を検討することがほとんどであった。その領域の壁を壊して、「多様な専門性を有するコミュニティ」として領域横断のチームを組成することや、各専門家同士の創発を促進することもHRリーダーシップの役割となっている。

　また企業内に留まらず、外部の調査やベンチマーク、リソース・知見などを社内外の多様なステークホルダーから吸収して内部に展開するとともに、外部ネットワークとの連携のコーディネーターとして提供するサービスの品質を向上させることも求められている。

図3-12：HRリーダーシップチーム

A. どのような貢献を行うのか
・ 経営戦略を人事戦略・ビジョンに落とし込むとともに施策の優先順位付けを行う。 　（落とし込みにおいては、顧客のニーズに適合させ、将来的なイノベーションへの 　貢献を見据えるとともに、全社最適と各事業や地域の特性への対応のバランスを担保させる） ・ 全社的な文化醸成のロールモデルとなり、かつ文化醸成の促進を行う ・ 人事の体制と仕組みをビジネス結果に繋がるように調整を行う ・ すべての顧客に対する提供価値を維持・向上させる
B. どのような組織能力を有しているのか
・ ビジネスに対する深い理解と経験 ・ 戦略的思考 ・ ビジョナリーリーダーシップ ・ デザイン思考・イノベーション志向 ・ 人間関係・モチベーションマネジメント ・ リーダー育成
C.役割（職位レベル）のイメージはどのようなものか
・ Lv.3：CHRO（チーフHRオフィサー） ・ Lv.2：シニアHRリーダー ・ Lv.1：シニアCoEリーダー、シニアHRBPリーダー、シニアHRオペレーションズリーダー
D. 組織としてどのような構造となっているか
・ 経営幹部・リーダーと近い組織に位置する ・ CoE、HRBP、HRオペレーションサービスの組織ごと及び（または） 　ビジネスユニット/地域ごとに設置される
E. 主な顧客は誰か
・ CxOなどの経営陣及びシニアビジネスリーダー

② コミュニティーズ・オブ・エクスパティーズ（CoE）

　人事の各機能における専門家集団として、HRリーダーシップチームや後述するHRビジネスパートナーをサポートする組織またはチームである。特に専門家同士が連携し、従業員等の経験価値を向上させるような制度・施策やツール・ソリューション等を創造することが主な役割である（図3-13）。

　まず専門家の「コミュニティ」であるという点が大きなポイントである。前述したデイビッド・ウルリッチが提唱した「人事変革モデル」に基づき、人事変革を行ってきた企業では恐らくセンター・オブ・エクスパティーズという用語の方がなじみがあると思う。しかし今後、人事の専門家は特定領域の専門性を蓄積するだけでなく、社内外における他領域の専門性や知見との掛け合わせの中で、提供するサービスの革新を行うことが求められている。また、組織やチームとしても恒常的に存在す

るものではなく、プロジェクトチームとして適時・適所に組成すること
が主流となりつつあり、コミュニティとしての専門家（コミュニティー
ズ・オブ・エクスパティーズ、CoE）という言葉を用いている。

　このCoEが行うべき貢献についても、いくつかのトレンドが存在する。
その1つがCoEで提供しているサービスを、後述するHR Ops（シェア
ード・サービスセンター等）へ移管していくことである。特に昨今、「シ
ステムの活用」や「フォーマット化（型化）」によって、移管すること
ができるサービスの領域が拡大している。例えば前者に関しては、従業
員データや意識調査のデータ分析や、レポートの作成、要員・人件費に
関するシミュレーションの実施、採用業務における応募者の書類選考な
どが該当し、後者については、グループ会社における人事制度の概要設
計や、就業規則の作成及びレビュー、研修メニュー・コンテンツの整備
などが該当する。
　こうしたHR Opsへの移管を通じて、専門家コミュニティがより高度
な業務に集中しつつ、サービス提供の効率性を高めている企業が現れ始
めている。

　では、この専門家コミュニティはこれまでの「人事企画部門」などと
何が異なるのであろうか。上述した内容の他に「価値提供の方法」が異
なるといえる。具体的には以下の点である。

- ●予算策定や制度設計、施策検討などに留まらず、事業に貢献するあ
  らゆるツールやソリューションの開発を担う
- ●直接的に事業側へ貢献するのではなく、基本的にはHRビジネスパー
  トナーを通じた間接的な貢献を行う
- ●一方でHRビジネスパートナーを通じて把握した事業側のニーズや、
  データ、外部の知見・ベストプラクティス等に基づき、制度やツー
  ル等の設計・開発を行う（経験や勘だけで判断しない）

図3-13：コミュニティーズ・オブ・エクスパティーズ（CoE）

A. どのような貢献を行うのか
・ ビジネスニーズに適合したワークフォース活用の仕組みと人事ソリューションを開発・提供する ・ データ分析やベストプラクティス調査を主導するとともに、専門知識の提供を行う ・ CoE内外の専門家や人事ソリューションの提供者とのコラボレーションや連携を推進する
B. どのような組織能力を有しているのか
・ 各領域の専門知識・業界知識 ・ デザイン思考・システム思考・アジリティ志向 ・ 好奇心・研究志向・イノベーション志向 ・ コミュニティー構築・コラボレーション能力 ・ アナリティクス知識・スキル
C. 役割（職位レベル）のイメージはどのようなものか
・ Lv.3：CoEシニア・プロフェッショナル ・ Lv.2：CoEソリューション・スペシャリスト ・ Lv.1：CoEアナリスト
D. 組織としてどのような構造となっているか
・ 基本的に事業/地域横断で組成された多様な専門性を持つチーム ・ 基本的にはタレントマネジメント・トータルリワード・人事戦略の3つの組織・チームで構成される 　（ただし、恒常的に存在するわけではなく、一時的なコミュニティとして活動するケースもある）
E. 主な顧客は誰か
・ HRBP ・ HRリーダーシップチーム ・ HRオペレーションサービス ・ 外部ネットワーク

③　HRビジネスパートナー（HRBP）

　ビジネスリーダーといった事業側に直接的に貢献する組織またはチームである。ビジネスリーダーやラインマネージャーに寄り添い、組織・人材に関する定性情報・定量情報を活用し、組織・人材戦略を立案して、ビジネスの戦略実現をサポートすることが主な役割となる（図3-14）。

　日本でも2000年代後半から、HRビジネスパートナー（HRBP）という組織の設置を試みた企業は多い。しかし結局は事業側の「御用聞き」に留まってしまったというケースを多く見聞きしている。

　その原因は大きく分けて3つある。

　1つは専門家コミュニティ（CoE）からの支援不足である。つまり事業側へのサービス提供を行う際に、CoEの専門的知見に基づく支援やソリューション等の提供を十分受けることができず、結局CoEとの仲介役になってしまっていたり、そのHRBP個人の力量に頼った体制になってしまっているケースである。

2つめは、HRBPそのものの役割の不透明さや育成のための体系が不明瞭なことにある。2000年代は欧米の企業においてもHRBPの設置は試行的であり、各社各様の役割設定を行っていた。またどのようなキャリアを積ませて、どのように育成すれば「良いHRBP」になるかの方法論が固まっていなかった。そうした未完成のモデルを輸入したがゆえに、各社で混乱が生じるようになってしまったのである。

　3つめは、HRBPの業務からオペレーションを排除しきれなかったことにある。各企業において「HRビジネスパートナー」として1つのレベル（職位）しか設定していないケースが多く、付随するオペレーションに忙殺されて、戦略的業務に時間を投じることができない状況が多く散見された。こうした3つの原因が重なって、HRBPの機能不全が生じていた。

　そうした状況に対応するために、欧米企業では幾つかの対応策を講じている。その中の1つがHRBPにレベル（職位階層）を設けることである。

　例えば「HRビジネスパートナー」と「HRビジネスアドバイザー」という2つのレベルを設定し、後者に戦略業務に付随するオペレーションを担ってもらうような役割設定を行っている。こうした方法は、単に戦略的業務への集中という目的に留まらない。HRBPの顧客を、例えば事業の執行役員レベルなどに設定している場合、対等な立場で価値ある助言を行える人物が社内にほとんど存在しないということも起きる。こうした状況に対応するために、HRBPを段階的に育成していくためのキャリアパスとして複数のレベルを設定することが有効となる。さらに、オペレーションに忙殺されることを防ぐために、欧米の企業ではHRビジネスパートナーについては、「マネージャー以下のレベルの従業員とのやり取りや問い合わせ対応を行わない」、HRビジネスアドバイザーについては、「従業員とのやり取りや問い合わせ対応を行わない」といったルールを明確に決めて運用するケースも存在している。

HRBPの体制を検討する上で、よく論点に挙がるものが「事業軸で設置するのか、地域軸で設置するか」というものである。設置方針は各社各様であるものの、基本的には顧客であるビジネスリーダーの管掌範囲に応じて設定しているケースが多い。例えば、そのビジネスリーダーが、複数の国を管掌している場合には、担当するHRBPも複数の国の人事・組織戦略立案や労務対応などを受け持つこととなる。ただし、どのようなケースでもHRBP1名に対して事業側の顧客1名ということではなく、最終的には管掌する事業の複雑性や顧客の数、地域密着で対応する必要性があるか否かなどの事情を踏まえながら、HRBPの人数を設定する。実際、グローバルのリーディングカンパニーを見てみるとかなりばらつきがあり、従業員350名当たり1名のHRBPを設置しているケースもあれば、従業員1,400名あたり1名のHRBPを設置しているケースも見られる。

図3-14：HRビジネスパートナー（HRBP）

A. どのような貢献を行うのか
・ 各事業の戦略や目的実現に資する人材戦略・ソリューションを展開する ・ 各事業において従業員のエンゲージメント、リーダーシップ、生産性を向上するための施策を展開する ・ 各事業において組織や人的リスクを抑制し、人事プロセスの一貫性を担保する
B. どのような組織能力を有しているのか
・ 迅速性 ・ 事業に対する深い理解 ・ ビジョナリーリーダーシップ ・ 新規トレンド（デザイン思考・ソーシャルメディア対応等）に対する適応力
C.役割（職位レベル）のイメージはどのようなものか
・ Lv.2：HRビジネスパートナー ・ Lv.1：HRビジネスアドバイザー
D. 組織としてどのような構造となっているか
・ 事業単位で設置するパターンと地域単位で設置するパターンが存在 ・ レポートラインは人事・ビジネス・地域（国）のリーダーのいずれのパターンも存在
E. 主な顧客は誰か
・ Lv.2：HRビジネスパートナー・・・事業のシニアリーダーレベル ・ Lv.1：HRビジネスアドバイザー・・・マネージャーレベル ・ 上記どちらも・・・CoE・HRオペレーションサービス

④ HR オペレーションズ（HR Ops）

人事業務処理、問い合わせ対応、データ提供などを効率的に遂行する組織である。従業員等との接点を通じてより良い経験価値を提供しなが

ら、受託するサービスを拡大・進化させていくことが主な役割となる（図3-15）。

　HR Opsに関する重要なトレンドの１つとしても、デジタル・テクノロジーの活用が挙げられる。それは業務の処理としての活用だけでなく、従業員等からの問い合わせ対応処理や、従業員が情報を探したり、申請を行う際の効率性の向上、簡易的なアナリティクスの実施といった領域にまで及んでいる。

　例えば問い合わせの対応に関しては、後述するChatbot（チャットボット）の導入、申請関連に関してはESS（エンプロイー・セルフサービス。従業員が自身で各種申請を行うためのシステム）やMSS（マネージャー・セルフサービス。マネージャーが各種申請を承認したり、処理を行うためのシステム）などを導入し、現場への権限移譲を行うことで、より人事としての生産性を上げていこうとする動きも大きくなっている。

　また、HR Opsは、従業員の日々の業務をサポートしたり、日常的なやり取りを行うことが多いため、CRM（カスタマー・リレーションシップ・マネジメント）チームを内部に設置し、従業員等の経験価値向上をより高次のレベルで実現しようとしている企業も存在する。

　CRMとは元々マーケティング領域の用語で、「顧客に関する情報や顧客との応対等を記録し、各顧客の潜在的ニーズを分析したうえで、適切なチャネルやコンテンツを開発し、長期的な信頼関係を構築する手法」のことである。

　人事領域におけるCRMとは従業員からの問い合わせ内容やそのやり取りを分析し、提供サービスレベルの向上や人事ツールの利便性・ユーザーインターフェースの向上等に繋げる取り組みのことを指す。

図3-15：HRオペレーションズ（HR Ops）

A. どのような貢献を行うのか
・ 卓越したレベルの品質及び効率性を有したHRオペレーションサービスの提供とその継続的改善を行う ・ 必要に応じてグローバル・地域・国で業務集約することで、地理的に横断したビジネスのサポートを行う ・ HRの顧客に対するやり取りを通じて、エクスペリエンス（経験価値）を高める

B. どのような組織能力を有しているのか
・ オペレーションの品質及び効率性の継続的改善力 ・ 顧客満足及び経験価値の向上に資するサービス提供能力 ・ コラボレーション力・ベンダーマネジメント能力 ・ 分析力・課題解決力 ・ テクノロジーに対する知識 ・ プロセスの実行力

C.役割（職位レベル）のイメージはどのようなものか
・ Lv.3：HRサービスプロフェッショナル ・ Lv.2：HRファンクション・スペシャリスト ・ Lv.1：人事顧客サービス担当

D. 組織としてどのような構造となっているか
・ グローバル・地域・国の単位でネットワーク化された組織 ・ 基本的には、顧客に対するコンタクトサービス・トランザクション（処理）・専門サービスの3つから組織・チームが構成される

E. 主な顧客は誰か
・ 従業員・マネージャー ・ HRBP・CoE ・ ベンダー ・ 応募者・退職者 ・ 従業員の家族

HR Opsの形態と効率的な運営体制

　HR Opsについては、グローバル・地域・国などの単位での集約が進んでおり、これをHRシェアード・サービス・センター（HRSSまたはSSC）と呼ぶことがある。

　デロイトの2019年『グローバル・シェアドサービス・サーベイ』に基づくと、SSC化を行う理由としては、低コストオペレーションの実現が圧倒的に多い。一方で近年増加傾向にあるのが、専門知識の蓄積や柔軟な人材確保といったより「攻め」としての目的をもってSSCを設立するケースである（図3-16）。逆にSSCを活用しない理由として挙げられているものは、品質の懸念やリモートでのサポートの難しさなどである。

図3-16：SSC活用理由

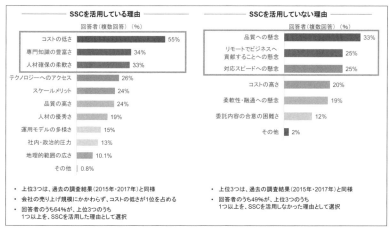

出所：デロイト（2019）「2019年グローバル シェアド サービス サーベイ」

　非常に興味深い点としては、SSCを活用しない理由の第4位に「高コスト」が挙げられている点である。実はグローバル経営やグループ経営を行う企業が共同してSSCを設立したものの、アウトソーシングや内製化に比してサービス単価が高くなり、導入・展開が進まないというケースが多く見られる。こうした状況に陥ってしまう原因は様々だが、典型的なものは「制度やルールが標準化されておらず、業務集約が困難」「SSC側におけるシステム化度合いや業務処理体制のレベルが低い」「委託企業側とSSC側の情報連携・業務連携が効率的でない」「人材への配慮から、本社とSSCの人事制度・報酬水準を近似させてしまい、人件費が高止まりとなっている」などが挙げられる。

　このSSCないしHR Opsの構築にあたって重要な概念が存在する。それが「Tier（ティア）」である。これは処理すべき様々な業務や、従業員から問い合わせ・申請などを、どのような階層（Tier）で処理していくかという考え方で、SSCだけでなくCoEやHRBPを含めた人事全体の生産性向上に欠かせない概念となっている。
　まず一般的にはTier 0からTier 3までの4階層を準備することとな

る（図3-17）。

・Tier 0：
　人事関連情報や手続き処理のアクセス先をシステム上に集約して、そこで自己解決してもらう階層である。
　例えば先述したESSやWeb上のFAQ準備などがこれに該当する。ここでいかに多くの申請や問い合わせを処理できるかが、HR Ops効率化実現の要といっても良い。そのためには、情報の検索性や閲覧性を高めるためのユーザーインターフェースの改善や、その情報・手続き等自体のわかりやすさの向上などを行う必要がある。なぜなら「そのシステムの活用を通じた良質な経験」を従業員やマネージャーに提供できなければ、だれもその階層（システム）を活用しないという状態に陥ってしまうからである。
　仮にTier 0で自己解決を試みたが、解決しきれなかった疑問などは次のTier 1の階層に到達する。

・Tier 1：
　各種問い合わせや申請、簡易的な業務を一括して対応する一次窓口のことであり、問い合わせ総合窓口などがこれに該当する。従業員やマネージャーの利便性向上を実現するとともに、人事の各部署への散発的な問い合わせが発生してしまう状態を防ぐことを目的としている。
　ただしこの階層ではあくまで人事業務にそれ程精通していない者が簡易的な対応や問い合わせの仕分けを行うことまでを目的としていることが一般的であり、そこで回答・処理できないものはTier 2へとエスカレーションされる。

・Tier 2：
　人事業務にある程度精通した者がそれぞれの担当領域に関する問い合わせや申請を処理する階層である。基本的にはTier 0や1で90%以上が解決・処理され、Tier 2まで到達する数が非常に限定的とな

っている状態が望ましい。このTier 2でも処理できないような高度な問い合わせについては、CoEやHRBPにエスカレーションされて、個別の対応が実施される。

・Tier 3：
非常に高度な問い合わせや全社にインパクトが大きいような課題の解決・処理を行う。
基本的にはCoEまたはHRBPで処理することになる。高度な専門性が必要なものはCoEが対応することとなり、ビジネス側との連携や個々の事業、人材への理解が必要なものはHRBPで対応することとなる。

図3-17：HRオペレーションサービスの4つのTier

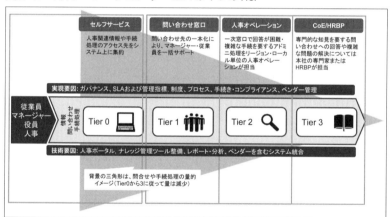

こうした考え方は世界的には実は2000年代から提唱されていたものであるが、近年は特にTier 1やTier 2の考え方に変化がみられるようになっている。
まずTier 1については、単なる問い合わせの一次仕分け係ではなく、標準化可能な業務やデータ管理の担い手としての役割を設定している企業が現れている。例えば、採用業務において応募者のデータに基づく選

考や従業員に対する各種通知の作成、採用・異動・退職時などにおける
データメンテナンスやレポートの作成などもTier 1の階層における役
割として設定しているケースが増えている。

そしてTier 2においてはさらにレベルが高まり、初期選考における
基準の策定や個々人の報酬額改定における助言の実施、評価・パフォー
マンス・マネジメントのプロセス改善など比較的高度な役割を設定して
いるケースが増えている。そういった意味では、HR OpsとCoEの役割
分担に関する線引きも従来から変化しているとも言える。

⑤　外部ネットワーク・パートナー

企業の外からHRリーダーシップ、CoE、HRBP、HR Opsをサポート
するとともに、提供するサービスやソリューションの質を向上させる役
割を担う。

分かりやすい例でいうと、弁護士などの専門サービス提供者、派遣会
社などの人的リソース提供サービス企業、システムベンダーなどのソリ
ューション提供企業などである。現在でもこうした外部ネットワーク・
パートナーとの協力なくしては、人事業務の運営に支障をきたすことが
多いのではないだろうか。

こうした外部ネットワーク・パートナーの活用は通常、内部にそのリ
ソースがない場合や内部での調達が非効率的である場合、リスクを外部
化したい場合などに消極的な活用がされることが多かったが、今後は人
事戦略や組織を形作るうえで、「人事のエコシステム」の一部としてよ
り広範なネットワークの構築と積極的な活用をしていく必要がある。

エコシステムとは元々、「自然界における一定地域の生態系とその生
産・消費・分解に至る循環及びそれを取り巻く環境」のことを示す用語
であった。しかしビジネスでもこの用語が使用されることが多くなって
いる。この場合には「複数の企業や組織、コミュニティなどがパートナ
ーシップを組んで、相互に持つリソースを活用しながら、業界や企業な
どの枠組みを超えて共存共栄を図る仕組み」のことを指す。

人事領域においてこうした考え方を基にした取り組みはまだまだ少数ではあるが、採用などの領域では少しずつ企業の枠組みを超えたエコシステム構築の試みが始まっている。

　例えば、「高品質のサービス提供」を強みとしているアパレル企業、エンターテイメント企業、百貨店企業などの複数企業において、合同で新卒採用を行う取り組みなどが行われている。こうした企業に応募してくる学生は、基本的にホスピタリティにあふれており、人とのコミュニケーションに自信がある人材であることが多い。しかしそうした人材が、各企業においてどのようなキャリアを歩み、どのような職務を担うか、どのような働き方になるのかなどのイメージを具体的に持っていないケースもある。例えば自身は「百貨店で接客を行いたい」と思って応募を行ったものの、企業側の説明を聞いたり面接を進める中で「働き方が望むものと違う」となったケースにおいて、「高品質のサービス提供を行う」という軸足はそのままにしながら、別企業の選考もそのまま受けることができる。こうした仕組みは応募者側だけでなく、企業側にとっても母集団形成の効率が上がるとともに、より質の高い人材確保に繋がっていく。

5 最強の人事をつくる観点④：イネーブラー

　人事変革の最後の観点がイネーブラーである。これは主にHRテクノロジーのことを指し、これまでも繰り返し述べたように、今後の人事の姿を構想する上で欠かせない存在となっている。

　「HRテクノロジー」とは、クラウドやビックデータ解析、人工知能（AI）などを含む最先端のIT関連技術を、採用・育成・評価・人材配置などの人事関連業務に活用し、業務の効率化や高次化を実現するサービス全般を指す。

　このような最新の技術を搭載したHRのプラットフォームやツールが次々とリリースされていく昨今において、それらの活用が企業にもたら

しうる効果は様々である。その中で本パート項では「人事」「従業員」「経営」の３つの目線からHRテクノロジーの活用方法を紹介する（図３-18）。まずはそれぞれの概要について説明した後、１つひとつについて詳述していきたい。

まず「人事」目線では、HRテクノロジーの活用を通じた「省人化・高付加価値化」について説明する。

昨今、活用企業が飛躍的に増えてきたRPA（Robotic Process Automation）をはじめとする自動化テクノロジーの活用や、従業員によるセルフサービス化を通じ、人事業務、特にオペレーション領域における徹底的な効率化を達成することで、人事部員の工数削減と高付加価値業務への再配置を行っていくことが可能となる。

次の「従業員」目線では、HRテクノロジーの活用を通じた「従業員等の経験価値の向上」について説明する。経営や人事目線のみならず、組織において従業員のデジタル環境を整備し、働き甲斐やモチベーション、満足度を向上していくことは、継続的に競争力と生産性の高い企業であり続けるためには必要不可欠である。

最後の「経営」目線では、HRテクノロジーの活用を通じたより広範な人事データに基づく「経営・事業の意思決定支援」について説明する。

KKD（勘・経験・度胸）に基づく経営から、「データドリブン経営」への変化が近年求められているが、これは人事の領域でも例外ではない。特に、これまで可視化されてこなかった組織・人材に関するあらゆる情報をHRテクノロジーを通じてリアルタイムに把握して分析・活用していく動きが大きくなっている。

本章の「**3**最強の人事をつくる観点②：フォーカス」のパートでも述べたように、これからの人事は経営戦略実現に向けた事業リーダーの「真のパートナー」としての関係性を築く必要がある。そうした客観的かつ網羅的な情報に基づいて、経営・事業判断の支援を行うことができ

る環境整備が求められている。

図3-18：HRテクノロジー全体概要

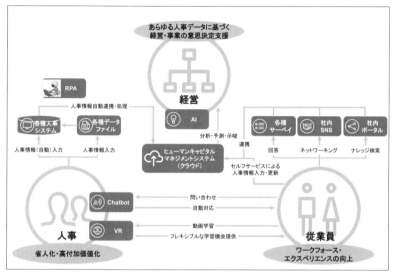

① 人事目線でのHRテクノロジー活用「省人化・高付加価値化」

まずは人事目線におけるHRテクノロジーの活用として「省人化・高付加価値化」の例を取り上げたい。

例えば、自動化において最も代表的なHRテクノロジーの例が、RPAだろう。RPAは電子データ化・ルール化されている繰り返し業務の処理を行うことに適しているため、採用や評価、勤怠・報酬管理や身上異動などにおける各種人事届・申請の受領・登録処理などにRPAを適用することで、これまで工数負荷の要因となっていたオペレーション業務の自動化及び省人化を実現することが可能となる。またその業務が属人化してブラックボックス化していた場合は、RPA活用によって業務の標準化や人的ミスエラーの削減も期待される。

テキストベースの情報処理のみならず、資格申請や身上変更申請などに添付する証明書といった画像や写真ベースの情報についても、画像解析技術との組み合わせによって自動で取り込み処理をすることが徐々に

可能になってきた。従業員からの申請関連業務などは、こういった技術によって多くが自動化され、人事部員の工数は最小化される、あるいは将来的には一切人事部員の手を介さずに完結できるかもしれない。

　また負荷が高い人事オペレーション業務として、従業員からの人事関連の問い合わせ対応も挙げられる。

　「日々、従業員から寄せられる人事関連の問い合わせ対応工数負荷が高く、本来注力したい人事業務に工数を割くことができていない」という課題感を持っている企業や人事部員も多い。

　こういった課題感に対応できる代表的なHRテクノロジーの例としてChatbot（チャットボット）がある。Chatbotは名前の通り、チャット（会話）とボット（自動化プログラム）を掛け合わせた言葉であり、人のような応対が可能な自動応答プログラムを指す。自然言語解析や画像解析技術に基づき、問い合わせ対応において従業員からの問い合わせ内容を受領し理解したうえで、それに沿った返答を会話データから選択して応対することが可能である。入社や異動、身上変更、休職、退職などに伴う必要人事手続きに関して、これまで直接人事部員が対応していた問い合わせをChatbotが対応することで、人事部員による問い合わせに対応工数を削減し、その他の業務への集中が実現出来る。なお、Chatbotの構成においては、機械学習型のエンジンが参照するコーパス（教師データ）が必要となる（図3-19）。

　当社は人事における問合せ業務の効率化をはじめとする多数の人事コンサルティング案件を基に問い合わせの傾向を分析し、人事関連業務に関する基本的な問い合わせ内容を網羅した教師データを蓄積している。Chatbotの導入に伴い、よくある問い合わせとその回答方法といったコンテンツの事前準備や、Chatbotのトレーニングに一定の工数がかかることが想定されるが、こうした教師データを用いることで、そういった導入工数をゼロベースで準備するケースと比して90%以上短縮することが期待できる。

図 3-19：Chatbotの構成

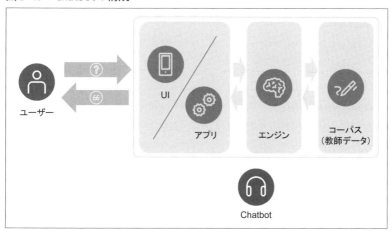

　上記のようなHRテクノロジーの活用によって、現在人事部員が実施している多くの人事オペレーション業務の自動化や従業員によるセルフサービス化がなされ、省人化によるコスト削減や本来注力したい高付加価値業務へのシフトが実現可能となるのである。

② 従業員目線でのHRテクノロジー活用「従業員等の経験価値の向上」
　次はHRテクノロジーの活用主体を一人ひとりの従業員などのユーザーに移したい。
　本章の「❸最強の人事をつくる観点②：フォーカス」の「従業員への貢献」のパートで触れたように、経験価値全体の向上においては、デジタル経験の向上は欠かすことができない。

　例えば、「①省人化」の中で述べたChatbotは、「従業員等の経験価値」向上にも寄与するHRテクノロジーと言えるだろう。皆さんも経験があるかもしれないが、異動、身上変更、勤怠処理などに関する不明点が発生した場合、そもそもどこに問い合わせをすれば良いかわからないということがよくある。更に人事ポータルのどこを見れば適切な情報を得られるのかがわからない、また人事部員に電話やメールで問い合わせをす

ると、電話が繋がらない、メールの返答がなかなか来ない、たらいまわしにされる、といったことも経験があるのではないだろうか。このような状況下でChatbotによる問い合わせ対応が活用されることによって、従業員は必要な回答をいつでもすぐに、自ら得ることが出来るようになる。

例えば結婚などの身上変更に伴う手続きが生じた際、従業員は各種手続きについて一貫してChatbotから返答を得ることができる（図3-20）。人事部員の問い合わせ対応工数の削減のみならず、従業員にとっても問い合わせに伴う工数やタイムラグ、ストレスが解消され、即時に自己解決可能な範囲が大幅に増えることで、人事変更手続きなどに伴う経験価値は大きく向上するだろう。

こうしたChatbotは問い合わせ対応のみならず、従業員が目指すキャリアパスや志向に基づいた研修や社内公募機会の推奨などの機能が実装され始めている。

図3-20：HRテクノロジーの活用イメージ例（結婚に伴う手続き）

また、今後はVR（Virtual Reality）といった最先端ツールの人事領域への活用が増えていくことも想定され、こうしたツールも経験価値向上に寄与することが出来る。

例えば、入社した従業員に対してオフィス案内や基礎研修の実施とい

ったオンボーディングを行う場合、これまでは人事部員がオンサイトで対応することが必要であった。しかし、VRを活用することで従業員自身が既に用意されたコンテンツなどにアクセスし、オンサイトさながらのリアルなオンボーディングを、人事部員の介在なしにいつでも好きなタイミングで体験することが可能になる。物理的・時間的制約が解消されることで、海外を含む遠隔地のオフィスや工場なども容易に体験見学することができ、従業員自身がこれから所属することになる組織に対する理解を深めることが出来るだろう。

オンボーディングだけでなく入社後の研修においても同様に、VRコンテンツを活用することで「全員が同じ場所、同じタイミングで集合して研修を受ける」というこれまでの概念は払拭され、より優れた経験価値の提供が可能となる。これまで研修参加に伴い少なからず生じていた移動や宿泊（人事部員によるそれらの事前手配も含む）などの時間的・身体的負荷は解消され、従業員は自らの好きなタイミングで、必要な成長の機会をより手軽に体験することが出来るようになる（図3-21）。

図3-21：HRテクノロジーの活用イメージ例（新入社員のオンボーディング）

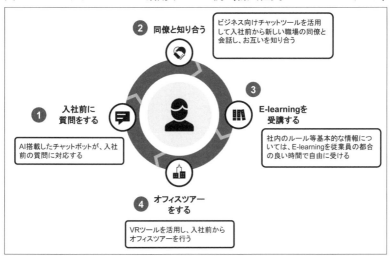

従業員等の経験価値向上の観点では、これまでも述べた通り職場環境が快適、柔軟であることも非常に重要である。

　日々従業員を取り巻く周囲とのコミュニケーションやネットワークは、より良い職場環境を構成する大きな1要素であり、この実現に寄与するのがコミュニケーションツールである。生産性の向上や従業員同士のコラボレーションを促進するという側面において、このような新たなコミュニケーションツールは、従来の社内コミュニケーションであったeメールや電話よりも優れている。複数のチームメンバーによるあらゆるコミュニケーションが1箇所に集約され、様々な情報（テキストのみならず、PPTやPDF、画像などのファイルなども含む）がリアルタイムで共有されることによって情報の透明性は高まり、従業員にとって生産性の高いコミュニケーションやコラボレーションの場を生み出すことが出来るのである。

③　経営目線でのHRテクノロジー活用「より広範な人事データに基づく経営・事業の意思決定支援」

　最後の「より広範な人事データに基づく経営・事業の意思決定支援」の具体的な事例を紹介する前に、前提となる「より広範な人事データ」の定義についても、先に触れておきたい（図3-22）。

　これまでビジネスリーダーが組織・人材に関する施策検討や意思決定を行うにあたり、活用対象だと考えられてきた人事データは、人事基幹システムによって「定期的に管理・蓄積」されていたものが主要であった。これらは、主に人事が組織や従業員の正確な状況を把握するために必要とし、これまで人事基幹システム（例：勤怠・給与システム）や人事情報台帳などに記録されてきた。

　しかし今後は、HRテクノロジーを使用することで、従業員の性格、志向、特性、組織内のネットワークといったデータ・数値化されていなかったより広範な情報を「人事データ」の対象とし、かつリアルタイム

に管理・把握することが可能になる。またそれらの人事データを複数掛け合わせることで、より有機的・多面的な分析を行い、精度の高い施策立案や改善が可能になる。

ただし、より広範な情報を管理・把握可能になるがゆえに、個人情報保護やプライバシーへの対応、個々人の心情への配慮は一層の注意が必要である。例えば、個人情報保護法上では、「要配慮個人情報」として本人の人種、信条、病歴など不当な差別または偏見が生じる可能性がある個人情報の取得については、原則として本人同意を得ることを義務化している。またこうした法律上の制約にかかわらず、普段のやりとり・行動などの一部始終が記録されるような環境は、従業員の会社に対する信頼感などにも影響を及ぼしてしまうであろう。

図 3-22：活用対象となるデータの例（これまでとこれから）

これまで	これから
➤ 基本情報 　◇ 氏名、生年月日、入社年月日、在職期間、住所、出身大学、所属組織、担当職務内容、過去の職務履歴、保有資格・スキル、婚姻状況など ➤ 家族情報 　◇ 家族の氏名、住所、扶養人数など ➤ 異動情報 　◇ 異動履歴、職務、上司履歴など ➤ 勤怠・報酬情報 　◇ 月次給与額、賞与額、月次出退勤情報、有給消化率・履歴、休職履歴など ➤ 評価情報 　◇ 等級、半期・年次評価履歴、定期面談結果、360度評価履歴など ➤ 研修情報 　◇ 対象研修、研修受講歴など	➤ 社員個人の情報 　◇ 血液型、採用面接時の面接官のコメント・評価、SPI結果、性格診断結果、研修時のアンケート、研修講師・トレーナーのコメント・評価、意識調査回答結果など ➤ コミュニケーション情報 　◇ 日々の上司との面談内容、メール内容（文章の構成方法や表現を含む）、チャットなどオンライン上のやりとり（Chatbotなど自動応答ツールへの問い合わせ内容を含む）、周囲のメンバーからの日々のフィードバック内容など ➤ ネットワーク情報 　◇ 社内SNS上のつながり、所属部門・チーム履歴、過去の上司・メンバーとの相性など ➤ 業務時間情報 　◇ 会議数・会議時間、残業時間、日々のオフィス入退室時間の履歴など ➤ システム利用情報 　◇ 社内SNSアクセス履歴など

こうした配慮・措置の実施を前提としたうえで、より広範な人事データに基づく経営・事業の意思決定を可能にする具体的なHRテクノロジーとその活用事例を見ていきたい。

初めに紹介したいのは、国内でも導入企業が飛躍的に増加し、今後もトレンドとなることが予想されているクラウド型のヒューマンキャピタル・マネジメントシステム（HCM）である。

こうしたサービスは導入のリードタイム短縮化、モジュール（利用する機能）単位やリージョン単位での段階的な展開の実現、クラウドサービスの特性であるバックアップ作業・ネットワーク構築・ストレージ監

視といったシステム保守運用タスクが不要となることによる運用コスト
の削減といった多くのメリットをもたらす。

　このようなHRクラウドは今後の人事を構想する上では、不可欠な要
素でありながらも企業によって導入状況は様々である。2019年の『グロ
ーバル・ヒューマン・キャピタル・トレンド』に基づくと、後述するよ
うな統合されたクラウドのHCMプラットフォームを導入している企業
は5％に過ぎず、66％は自社運用（オンプレミス型）ソフトウェアとの
組み合わせ、29％はシステムを全く導入していないという結果であった。

　また、こうしたシステムに対する「期待」と「現実」にも乖離が生じ
ている。企業としては、従業員等の経験価値向上や、データ・ダッシュ
ボード化、戦略的HR機能への移行などを期待する一方で、現実として
は、そうした果実を十分得られたという回答は少ない。ただ、近年にお
いてはこうした価値経験や戦略面を重視した統合的なソリューションが
出現し始めている。これは散在するHRの情報やサービスを統合して、
ワンストップでアクセスすることを可能にするものである。例えば、
AIやRPAなどとの統合が代表的なものである。

　HCMに集められた人事データを対象として、AIによる予測や分析を
行うことで、退職リスク予測や組織とのマッチング予測といった将来的
な分析・予測や、後継者・ハイパフォーマーの推薦、ベンチマークと比
較した適正報酬の提示といったことが可能となることが期待されている。

　経営判断につながる人事データの活用という側面において、このよう
な機能を保有するHRテクノロジーの活用は欠かせなくなってくるであ
ろう。

　他にも採用業務での書類選考や一次面接といった初期スクリーニング
において、AIや自然言語解析、ビデオなどのHRテクノロジーを活用す
ることで、組織や所属部門とのマッチング度合いもふまえながら候補者
のスクリーニングを行い、採用要否の示唆を出す取り組みも増加してい
る。経営戦略に鑑み、より精度の高い採用判断のパラメーター設定や採
用企画を検討しながら、このようなHRテクノロジーを活用していくこ

とで、採用候補者のミスマッチや過剰な採用コストの発生を最大限に防ぎつつ、自社にとってより戦力となる人材を確保していくことが可能になっていく（図3-23）。

図3-23：HRテクノロジーを活用した採用プロセス

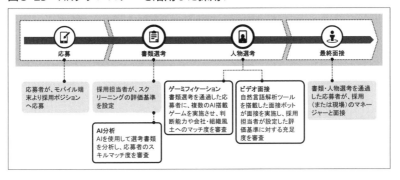

本章の冒頭で述べた通り、HRテクノロジーは人事戦略や機能、組織、サービスなど人事のあらゆる設計において検討の前提として組み入れていく必要がある。しかしこれは人事戦略や機能といったハイレベルなコンセプトを無視してHRテクノロジーを導入して良いということではない。確かに、人事制度やサービス、業務などのレベルにおいては導入するシステムをベースに設計を行うケースが近年増加している。しかしながら、「人事として貢献すべきことは何なのか」や「人事として誰にどのような価値を提供すべきなのか」ということを明確化せずに、導入するソリューションを決定すべきではない。魅力的なHRテクノロジーが次々とリリースされるがゆえに、そのツールありきで検討を進めてしまい、本来の導入の目的や人事として達成したかったことを途中で見失うケースは非常に多い。結果として労力とコストをかけて導入したHRテクノロジーが十分に活用されないという悲劇も発生してしまう。そのような事態を防ぐためにも、HRテクノロジーを通じて実現したいことを明確にし、人事戦略や機能といったコンセプトに資するかどうかを検証した上で、具体的な導入や活用推進を行っていくことが重要である。

6 本章のまとめ

本章では、デロイトの「Future of HR」というコンセプトに基づき、あらゆる前提となる「マインドセット」、価値発揮のあり方としての「フォーカス」、人事組織としての「レンズ」、人事システム・テクノロジーとしての「イネーブラー」という4つの観点からこれからの人事の姿を解説してきた。

本書の順番としては「マインドセット」という人事戦略に大きく影響する要素から解説を行っているが、必ずしもこの順番で変革を行う必要はない。言うまでもなく変革には目的があるはずで、その目的に適合した領域を優先的に着手することも可能である。

更に言うと、本書では取り扱っていない、人材マネジメント方針や人事制度、組織文化といった領域も含めて変革の要否を検討していく必要がある。しかし注意しなければならないのは、それぞれの領域の変革は他の領域に大きな影響を及ぼすという点である。特に、戦略や機能といったハイレベルな領域の変革に着手すると、おのずと組織、業務、システムといった領域も変革が必要となるケースが多い。こうした影響関係を理解しながら、変革の目的とそのスコープを定めるとともに、その変革の順番を戦略的に設計することが必要となる。

この「変革の目的」に関して、最近よくご相談いただくのは「『事業への貢献強化』と『人事の生産性向上』をどちらも実現したい」というものである。こうしたご相談の背景には、先述したような「HRビジネスパートナーの機能不全」や「オペレーションの肥大化」などが複合的に起きているケースが多い。

こうした多くの企業で生じている状況に焦点を当てた場合、どのような順番で変革を行っていけば良いかを次の章で具体的に解説していきたいと思う。

第 **4** 章

最強の人事に
変革するための
"6つのステップ"

1 最強人事への変革に向けて

人事変革を実現するためには前章で述べた通り、その変革の目的に沿った形で「着手する領域」や「その着手の順番」を決定する必要がある。そのため、絶対的な変革プロセスというものは存在しない。

しかしどのような場合においても、外してはならないポイントがある。それは、その変革が「今後の人事戦略や経営戦略への貢献に繋がっているか」、「ビジネス環境の変化に耐えうるか」および「従業員等への経験価値向上に繋がっているか」という点である。こうした上位目的との繋がりを担保するためのアプローチを我々は「Fit for Purpose（目的に適合した設計）」と呼んでいる。

新たな人事の姿を構想・設計する場合、幾つかのトレードオフとなる方針が存在している。そうした設計方針を企業ごとの①経営戦略、②ビジネス環境、③人事戦略を踏まえ、最適なものを選択するのが「Fit for Purpose」というアプローチである。本章においては、ある程度どのようなケースでも活用できる「Fit for Purpose」を用いた人事変革に向けたアプローチ例を紹介したいと思う。

最初に全体的な流れを紹介すると、大きく6つのStepで進めていくことになる（**図4-1**）。

まずStep 1では、業務量調査などの定量的な情報と、人事の機能成熟度の診断や人事部員の意識・働き方調査などの定性的な情報を分析していくことになる。

次のStep 2では、Fit for Purposeを実現するための、設計方針を幾つか戦略的に選択していくとともに、人事のビジョン等を策定していくことになる。

その次のStep 3では、策定した設計方針等に基づき、具体的な人事の機能や業務を、第3章で説明したCoEやHRBPなどの各役割に当てはめていく。

Step 4では、新たな人事組織としての運営に耐えうるように、権限や業務フロー、会議体等を設計していく。
　Step 5の実行計画策定については、変革に向けた体制づくりや、スケジュールの策定等を行っていく。
　最後のStep 6については実行段階であるが、これはStep 5の実行計画策定と表裏一体であるため、「実行に移す際に予め留意すべきポイント」として、Step 5の実行計画策定と併せて解説していきたいと思う。

図4-1：最強の人事に変革するための"6つのステップ"

　図4-1を見ていただいてお気づきの通り、Step 1から6までは一直線に進んでいくわけではない。場合によっては前のStepに戻りながらプロジェクトを進めていくことになる。と言うのも、人事変革は概念や概要としては合意できたとしても、細部の設計を進める中で、それまでに策定してきたよりハイレベルな内容も併せて調整が必要となるケースが必ずといっていいほど生じるからである。だからと言って、ハイレベルな設計の段階において密な議論を重ねてから進めることは、スピード感を落とすことになる。そのため概要としての設計が出来上がり、それがある程度の合意に至れば、次のStepに進み、そこで概要設計の検証を兼ねた詳細議論を行うことがより効率的なのである。
　また、「誰を巻き込んでこのプロジェクトを進めていくか」も重要である。変革に着手する領域によっては、人事内のメンバーだけでなく、予め経営企画や財務、ITといった関連部署メンバーや、事業側のメンバーなどを巻き込んで体制組成を行うことが望ましい。そして、プロジェクトメンバーと「各Stepの行き来も生じうるアジャイルな進め方を行う」ということをきちんと理解してもらうことも、円滑なプロジェクト運営上、非常に重要となる。

この人事変革に必要な期間は、対象となる人事組織の規模や変革領域、構築していく業務などの複雑性によっても異なるが、Step 1 ～ 3がそれぞれ 2 ～ 3 か月、Step 4が 3 ～ 6 か月、Step 5 ～ 6がそれぞれ 3 か月程度掛けて実行することが基本的なケースとなる。それでは、各Stepにおいて具体的にどのように進めるか詳述したいと思う。

2 Step 1：現状分析（人事課題の定量的・定性的把握）

　まずは、人事の現状を正しく理解することから開始する。自社の人事が今どのような状態か、事実を基に出発点を正しく見据えることが、効率的かつ効果的に人事変革を進めていく前提となり、未来に向けた変革の第一歩となる。

　現状分析については様々な手法があるが、本書では当社が多くのケースで実施する、①人事業務に関する業務量調査、②人事機能成熟調査、③人事部員の意識・働き方調査の 3 つについて紹介する。その際、現状分析を進めるにあたっての論点やポイントにも触れていきたい（図 4 - 2 ）。

図 4 - 2 ：Step 1 （現状分析）のアウトプットの概要と論点

アウトプット	概要	論点・気を付けること
1. 人事業務の業務量一覧	・「いつ、誰が、どのような人事業務を、どの位行っているのか」を取り纏めた一覧	・ 調査単位の適切性 ・ 回答者への配慮（抵抗感の排除）
2. 人事機能の成熟度一覧	・「自社の人事機能は、現在どのくらいのレベルに在り、将来どのくらいのレベルを目指すのか」を整理した一覧	・ 経営やビジネス部門への調査要請
3. 人事への意識状況一覧（従業員サーベイ）	・「自社の社員は、人事をどのように考え、人事変革をどのように捉えているのか」を整理した一覧	・ 人事サービスの提供側・享受側の双方の視点 ・ 変革抵抗勢力の正しい把握

　なお、いずれのアウトプット作成を目指す場合においても、人事変革の目的に照らした調査範囲の決定が必要となる。例えば、国内のみの調査とするかグローバル全体とするか、本社人事のみを対象とするか事業部人事まで含めるか、人事の全業務を対象とするかとりわけ課題感の強い業務にフォーカスするか、などが挙げられる。

検討範囲の決定方法には２つのアプローチがある。

１つは既知の課題感から仮説を設定し、その検証を主眼に置きながら関連領域に範囲を少しずつ広げていくアプローチである。変革テーマが明確であり、かつ、クイックさが求められる場合に適用されるが、抜本的な改革までには至らないケースもある。

もう１つは、既知の課題にとらわれず、人事の状態をゼロベースで把握するアプローチである。成功すれば大きな果実が得られるものの、プロジェクトメンバーの負荷や回答を行う現場の従業員の負担感が増すことから、変革プロジェクトのスピード感を失うケースや、関係者の協力がうまく得られないこともある。

基本的には、対象とする人事組織の全業務において調査するケースが多い。と言うのも、当初は一部の組織や機能の変革を指向していたとしても、人事は各機能や業務の関連性が強く、結局は周辺組織や機能にも着手を余儀なくされるためである。五月雨式に調査が行われることを避けるために、最初から全体像を把握するケースが多い。

それでは以下、代表的な現状分析の３手法を詳述していく。

① 人事業務に関する業務量調査

人事業務に従事する一人ひとりが何の業務にどれだけの時間を投入しているかを可視化するものである。また、投入時間を集計・分析を行うことで戦略、企画、オペレーション業務にどのように時間を投下しているかが明らかとなり、精度の高い設計方針策定や効果の高い施策が検討可能となる。進め方は、調査票の設計、調査の実施、調査結果の分析・示唆出しといった流れとなる

Ⅰ．調査票の設計

調査対象となる人事業務を網羅した人事業務一覧などを活用して、業務量を記入・把握するための調査票を作成する（図4-3）。既存の業務一覧がない場合は、組織分掌や業務担当表などを活用して作成す

る必要がある。その上で、各業務において、戦略・企画に関するものなのか、事業に対するサポートや助言に関するものなのか、オペレーションに関するものなのかなど、その業務の属性を予め特定しておくと、CoE、HRBP、HR Opsの体制に移行する際の有益な情報として活用することができる。

調査対象期間および調査単位は、人事部員個人別に過去1年間を1か月単位で振り返ってもらいながら、調査することが一般的である。1年間を対象とすることで、業務繁閑や季節性のあるイベントにかかる工数を把握できる。また、昨年度の勤怠実績値との比較を用いることで、工数の過小申告を防ぐことも可能である。

調査票を設計する際に意識すべきは、回答者から見た理解しやすさ・回答しやすさとなる。通常業務外で対応する回答者の心理的抵抗感を低減する意味でも、調査票の作り込みや丁寧な事前作業説明を行うことが必要である。

図4-3：業務量調査票の例

調査項目			業務特性		...	調査対象月			...
業務Lv1	業務Lv2	業務Lv3	企画/オペレーション	システム利用状況	...	4月	5月	6月	...
採用	新卒	選考プロセス検討	企画	−	**Point4** 施策検討前提条件として状況の整理		**Point5** 業務量繁忙が確認できる調査単位の設定		
Point1 回答者が理解しやすい文言		募集企画	企画						
		募集運営	オペレーション	採用サイト	...	XX	XX	XX	...
Point2 分析しやすい・意味のある粒度		面接企画	企画	選考管理システム	...	XX	XX	XX	...
		...	**Point3** 分析を見据えた判別フラグの設定		...	XX	XX	XX	...
	中途	募集検討	企画	Excel	...	XX	XX	XX	...

Ⅱ. 調査の実施

調査実施段階では、対象となる人事組織の人事部員に対して調査票を配布し、調査を実施する。もっとも業務繁忙など調査対象者の協力

を得にくい時期を避けることは重要である。また調査実施段階で、人事部員から調査内容自体に対する問い合わせを受け、必要に応じてフォローすることがあるが、その際、一見すると批判的に見える変革への懐疑や愚痴が語られることも多い。得られた率直な意見から気づかなかった調査軸や視点を得られるケースもある。現状分析手法の改善だけでなく、今後の変革コンセプト抽出にもつながりうるため、真摯に話を伺うことが必要である。

Ⅲ．調査結果の分析・示唆出し

　設計時点で考えた軸、業務・所属組織・企画系業務とオペレーション業務区分・月毎の工数などの単位で整理を行う（図4-4）。また、整理された内容を分析し、業務量偏在の原因確認や工数削減対象特定などの示唆出しを行う。

　当社がこれまで実施した調査結果を見ると、特定チームや人への業務偏在はほぼどの会社でも見られるケースである。

　業務偏在は組織や個人の特別な事情に起因することもあるため、追加でインタビューを試みるなど何故偏在が発生しているかの深掘りを行う。こうした偏在の原因は実はかなり根深いことが多い。具体的には、個々人の能力に起因する場合や、組織体制や組織文化に起因する場合がある。

　例えば、組織体制に関しては、各組織の業際が曖昧なケースや、柔軟な人員・工数の調整の仕組みが整備されていないケースなどが挙げられる。組織文化に関しては、イレギュラーな業務・事象が生じた際に、とにかくまず能力が高い人材にタスクを振るリーダーの存在や、意識の高い人材が何らかの課題提起をした際に、その人材自身がその課題解決を求められるという「手を挙げた者負け」の文化が存在しているケースなどがある。

　戦略・企画業務への時間投入が不十分なケースもよくある。当社の調査では9割近くの工数をオペレーションに投じていたケースも存在

する。本ケースへの対策は多くの場合、業務廃止・簡素化や業務のアウトソーシング、RPAなどの代替労働力などによる業務削減が検討される。

しかしここで留意すべき点が2つある。

まず工数を多く投じているオペレーション業務を本当に削減して良いかという点である。例えば、採用内定者への対面での丁寧な入社時説明が、入社後のミスマッチを防ぎ離職率の低さにつながっていることが明らかな場合、削減対象とすべきではない。

もう1つは、そもそも増加させるべき戦略・企画業務を担う組織体制が整備されているかという点である。つまり第3章で説明したCoEやHRBPという戦略・企画業務に専念可能な役割・体制がそもそもない場合には、いくら数字上で投下する時間の割合を変化させたとしても、その実現に至ることは困難である。

いずれにしてもポイントとなるのは業務量という事実を基に示唆出しや方針構想を行う点である。調査票の設計段階から正しい事実把握を行うために最大限注意を払いたい。

図4-4：分析結果イメージ

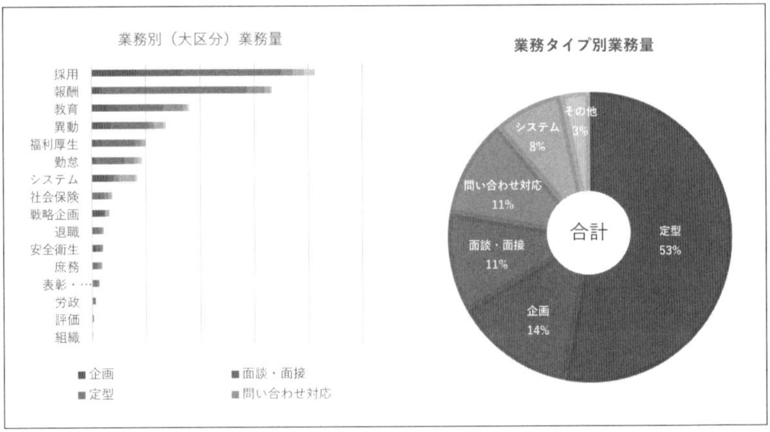

② 人事機能成熟度調査

人事の「採用」や「育成」など様々な機能がある中で、それぞれの現状レベルや課題、および将来目指したいレベルを可視化するものである。また各機能の中で「より優先して強化すべきもの」、「底上げしたいもの」の特定を行い、変革の方向性を決定する材料とする。

実施方法としては、人事内のステークホルダーだけでなく、人事外のステークホルダーに調査票を送付して回答してもらうやり方と、ディスカッションを行いながら明確化していくやり方がある。推奨としては、丁寧に認識のすり合わせや把握が可能な後者のディスカッション形式であるが、非常に時間がかかる方法である。

ここでは、人事内・人事外に調査票を配布して実施する場合の具体的な手順を説明する。

Ⅰ．調査票の設計

ここでいう人事機能は第2章でも記載した通り、戦略、企画、オペレーションという区分で構成される（再掲 図2-1）。

図の1.1から7.2の機能はある程度どのような企業でも、該当するような区分であるが、自社の状況に応じてカスタマイズして検討する。こうした各機能に対して、考えうるベストな状態から出来ていない状態までを幾つかの段階で設定し、調査票を作成する。参考まで当社の標準的な調査票の場合には、以下のようなレベルで定義を行っている（図4-5）。

- Level 4：ベストプラクティスとして世間一般に広く認められている
- Level 3：業界トップクラス・戦略実行上人事に要求されている機能・役割を十分に発揮している
- Level 2：取り組まれており、一定の成果があがっている
- Level 1：取り組まれているが成果が不十分
- Level 0：検討がなされていない

また、回答者の主観を排除するために、補足情報として各機能のレベル別の機能発揮イメージを準備しておくことも併せて必要となる。

図2-1：人事機能の俯瞰図（再掲）

図4-5：診断レベル例

Ⅱ．調査の実施

　調査票を基に、人事機能の現状レベルおよび将来到達したいレベルをステークホルダーに回答してもらう。「将来」の時期は各企業の置かれた状況や産業変化のスピードなどによっても異なるが、3～5年で設定するケースが多い。その際に、併せて現状レベルと将来到達したいレベルを選択した理由を具体的に記入してもらうことが望ましい。前者の「現状レベルの理由」からは、現状課題が浮き彫りとなり、後者の「将来到達したいレベル」の理由からは、人事に対する期待値が浮き彫りとなる。

　調査対象者は人事改革の主体者の他、主要なステークホルダーなど改革に向けて巻き込みが必要である人を中心に設定する。役員層などの組織内の上位意思決定者は、今後の施策実施段階などにおける方向性確認・投資決定の場などで変革サポーターとなってもらうためにも接点を早期に持ち、意見を把握しておくことが有用である。

Ⅲ．調査結果の分析・示唆出し

　回答結果を取りまとめ、まずは定量的なデータとして機能ごとに現状レベルおよび将来到達したいレベルの平均値やその乖離を整理する（図4-6、図4-7）。

　まず大きく注目すべき点は、将来到達したいレベルと現状レベルの乖離である。この乖離が大きい機能は、人事に対する期待値の大きさに対して適合できていない度合いが大きいポイントであり、早急に解決が求められる。

　また、現状や将来のレベルの回答者間のばらつきからも示唆が得られる場合がある。

　例えば、「育成・人材開発」という機能において、管理職や従業員の回答スコアが高く、経営者の回答レベルが低い場合には、提供している研修コンテンツの分かりやすさや面白さといった受講者目線での品質が高い一方で、研修の中長期的な成果という面では、経営者の満足が得られていないのかもしれない。

こう言った深層にある認識を定性コメントや追加インタビューなどで把握しながら、変革に着手すべき領域やその方向性を見定めていく必要がある。

特に重要な点は、各機能においてどのような状態を目指すかを具体化して、主要なステークホルダーと認識を合わせることである。この状態定義は、成熟度調査のレベル定義の文言にとらわれず、「ステークホルダーに対してどのような価値発揮をしている状態なのか」、「それをどのように実現していることなのか」ということを明確にすることである。Step 2以降で実際の設計を行っていく中で、随時その設計方針や内容が目指す状態の実現に資するものかを立ち返り、変革のゴールを見失わない意味でもこうした「プロジェクトの拠り所」を明確にすることには非常に意義がある。

図4-6：成熟度診断まとめイメージ

人事機能			As Is(現状)			To Be(5年後)			差分		
大項目		小項目	平均	Min	Max	平均	Min	Max	平均	Min	Max
1.人材戦略	1-1	人材ポートフォリオ戦略・人材管理	2.2	2	3	4.3	3	5	2.1	1	3
	1-2	要員・人件費計画・管理	2.9	2	4	4.5	4	5	1.6	1	3
	1-3	ダイバーシティ	3.8	2	5	4.7	4	5	0.9	0	3
2.全社組織戦略	2-1	組織設計	…	…	…	…	…	…	…	…	…
	2-2	組織風土・文化	…	…	…	…	…	…	…	…	…
3.人事組織戦略	3-1	人事機能設計	…	…	…	…	…	…	…	…	…
4.人材マネジメント	4-0	人材マネジメント	…	…	…	…	…	…	…	…	…
	4-1	採用	…	…	…	…	…	…	…	…	…
	4-2	育成・人材開発	…	…	…	…	…	…	…	…	…
	4-3	配置・異動	…	…	…	…	…	…	…	…	…
	4-4	評価	…	…	…	…	…	…	…	…	…
	4-5	報酬	…	…	…	…	…	…	…	…	…
	4-6	退職(出口管理)	…	…	…	…	…	…	…	…	…
5.役員マネジメント	5-1	サクセッションプラン・役員任免	…	…	…	…	…	…	…	…	…
	5-2	役員報酬マネジメント	…	…	…	…	…	…	…	…	…
6.リスク・コンプラ	6-1	リスク・コンプラ	…	…	…	…	…	…	…	…	…
7.働き方改革	7-1	働き甲斐マネジメント	…	…	…	…	…	…	…	…	…
	7-2	生産性向上(IT活用)	…	…	…	…	…	…	…	…	…

機能が限定的である (As Is:2.5以下)	機能が高度である／高度にしたい (As Is:3.5以上、To Be:4以上)	AsIsとToBeに一定以上の差異 (差分が1.5以上)

図4-7：領域ごとの現状成熟度状況

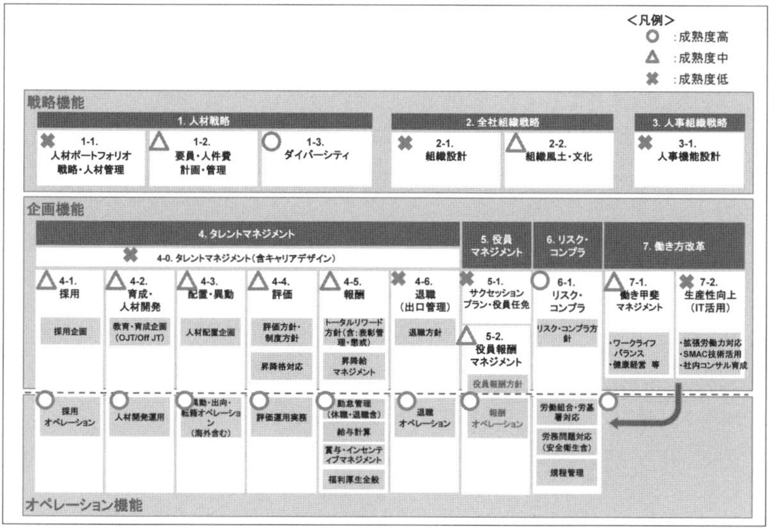

<凡例>
○：成熟度高
△：成熟度中
✕：成熟度低

戦略機能

1. 人材戦略

| ✕ 1-1. 人材ポートフォリオ戦略・人材管理 | △ 1-2. 要員・人件費計画・管理 | △ 1-3. ダイバーシティ |

2. 全社組織戦略

| ✕ 2-1. 組織設計 | ○ 2-2. 組織風土・文化 |

3. 人事組織戦略

| ✕ 3-1. 人事機能設計 |

企画機能

4. タレントマネジメント

✕ 4-0. タレントマネジメント（含キャリアデザイン）

△ 4-1. 採用	△ 4-2. 育成・人材開発	△ 4-3. 配置・異動	✕ 4-4. 評価	△ 4-5. 報酬	✕ 4-6. 退職（出口管理）
採用企画	教育・育成企画（OJT/Off JT）	人材配置企画	評価方針・制度方針	トータルリワード方針（含：表彰管理・醸成）	退職方針
			昇降格対応	昇降給マネジメント	

5. 役員マネジメント

| ○ 5-1. サクセッションプラン・役員任免 |
| 役員報酬方針 |
| ✕ 5-2. 役員報酬マネジメント |
| 役員報酬方針 |

6. リスク・コンプラ

| ○ 6-1. リスク・コンプラ |
| リスク・コンプラ方針 |

7. 働き方改革

△ 7-1. 働き甲斐マネジメント	✕ 7-2. 生産性向上（IT活用）
・ワークライフバランス・健康経営 等	・拡張労働力対応・SMAC技術活用・社内コンサル育成

オペレーション機能

| ○ 採用オペレーション | ○ 人材開発運用 | ○ 異動・出向・転籍オペレーション（海外含む） | ○ 評価運用実務 | ○ 勤怠管理（休職・退職含） 給与計算 賞与・インセンティブマネジメント 福利厚生全般 | ○ 退職オペレーション | ○ 報酬オペレーション | 労務組合・労基署対応 就業問題対応（安全衛生含） 規程管理 |

③　人事部員の意識・働き方調査

　人事内部の仕組み・構造や、自身が携わっている業務、働き方などを人事部員がどのように評価しているか、アンケートによって確認する。人事変革においてステークホルダーの巻き込みが重要であることはこれまで述べたが、ともすれば置き去りになりがちなのが、人事部員という内部のステークホルダーである。人事部員は人事変革の主体者であり、変革後の業務の担い手である。ゆえに現状に対してどのような想いや課題を持っているかを確認し、彼ら・彼女らの琴線に触れるような変革コンセプトを抽出するとともに、参画意欲を高めるような施策の検討に活用する。また、得られた意見を基に、意識面で変革への準備が整っているかの確認を行い、変革へのレディネス状況を定点観測することにも活用する。

Ⅰ．アンケートの設計

　人事部員に対して、人事業務や働き方の満足度を中心とするアンケートで意識状況の確認を行う（図4-8）。主に人事業務の負荷感・改

善要望・組織への期待感の確認が目的となる。組織上位者に対しては本社人事と部門人事との役割分担に対する意識の確認も追加実施する。加えて、人事部方針や今後取り組んでいくテーマに関しても織り込むことが望ましい。

　例えば、今後の取り組みテーマが生産性向上であり、指標が時間当たりの生産性・従業員エンゲージメントなどであった場合、会議・打合せ時間の割合や定時退社・有給取得の行いやすさの項目を組み込む。

　なお、質問項目に「人事サービス提供者としての視点」と「人事サービスをどのように考えているか従業員としての視点」の双方を盛り込んで確認することが有用である。後者はStep 2の「顧客としての従業員に何を提供すべきか」の検討の事前準備となり、その後の検討を円滑に進めさせる効果が得られる。

図4-8：意識調査票

回答方法 ：	4.そう思う　3.少しそう思う　2.あまりそう思わない　1.全くそう思わない　0.回答不能	

分類		質問項目	回答欄
人事・組織戦略	1	人事部門としてのビジョン・目指すべき方向性が明確化・作成され、全社または事業部内で共有されている	
	2	人事部門としてのビジョン・目指すべき方向性は、経営・事業の中長期的な戦略・方針に即した内容になっている	
	3	人事部門としてのビジョン・目指すべき方向性の実現に向けて人事部は主体的に行動できている	
	4	人事は、人事の専門家として経営の意思決定に必要なサポートを実施できている	
	5	人事は、ビジネスパートナーとして事業部の運営に対して適切なサポートを実施できている	
	6	人事内での意識・方向性の統一や情報の横連携等はしっかり行われており、従業員に対し一体感をもって対応している	
	7	当社では、将来の経営・事業目標や計画に即した、適切な要員・人件費の分析や要員計画策定ができている	
	8	当社では、組織としてのありたい姿に即した組織風土が十分に醸成されている	
働き方改革	33	自部門の従業員は、ワークライフバランスを維持できている	
	34	自部門の従業員は、今の仕事にやりがいを感じることができている	
	35	自部門の従業員は、当社で中長期的（10年単位）に貢献していきたいと思っている	
	36	当社では、働き方改革や健康経営等の社会的要請に対して積極的に取り組むことができている	

Ⅱ．調査実施

　人事部員のうち、管理職とそれ以外、本社人事と部門人事など会社の状況に応じて回答者を調整する。変革への準備状況を確認するために、日頃から課題感が大きい組織や協力的な組織をターゲットとし、

実情をつかむことが重要である。また、生々しい情報を入手したい場合はインタビューを行うことも有効である。実施に関するポイントは業務量調査や人事機能成熟度診断と同様で、繁忙期を避けること、および、コメントを求める際は、入手情報が歪まないよう、匿名性などで回答者の心理的抵抗感を排除することとなる。

Ⅲ. 分析

　回答結果を大きくポジティブ・ネガティブな意見に分け、本社人事・部門人事、従業員ランクなどの分析軸で整理を行う（図4-9）。また、意識面での変革準備状況を整理する。

　個人として変革に抵抗感を持つ人は一定の割合で存在するが、まずは総体としての傾向をつかむことに注力したい。第2章で述べた「与党（賛成勢力）」と「野党（反対勢力）」の明確化、反対意見からの示唆抽出を行うことは今後の変革チーム組成や意識変革施策実施の必要性の観点からも重要となる。

図4-9：意識調査結果

分類		質問項目	全体	役員	部長	課長	社員	...
人事・組織戦略	1	人事部門としてのビジョン・目指す･･･	2.51	2.50	2.46	2.80	2.34	...
	2	人事部門としてのビジョン・目指す･･･	2.52	2.38	2.61	2.60	2.52	...
	3	人事部門としてのビジョン・目指す･･･	2.54	2.38	2.63	2.53	2.56	...
	4	人事は、人事の専門家として経営･･･	2.46	2.50	2.50	2.38	2.57	
	5	人事は、ビジネスパートナーとして･･･	2.80	3.50	3.00	2.80	2.85	
	6	人事内での意識・方向性の統一や･･･	2.64	3.25	2.72	2.79	2.62	
	7	当社では、将来の経営・事業目標･･･	2.63	3.44	2.80	3.13	2.23	
	8	当社では、組織としてのありたい･･･	2.31	2.67	2.37	2.75	2.14	

■4 ■3 ■2 ■1
| | 6 | | 1 | | 6 |

全般的に低いわけではなく
高い層と低い層が二極化

回答方法：　4.そう思う　3.少しそう思う　2.あまりそう思わない　1.全くそう思わない　0.回答不能

特に高い（3.2以上）　　　特に低い（2.4以下）

　なお、以上見てきた3つの調査を進める中で、HRテクノロジーやシステムに関する課題がわかるケースも多い。ただし、システム課題を見つけた場合でも、安易にシステム現状分析を追加実施することは避けた

123

い。理由は２つある。

　１つめは、システム課題はそもそものルール変更や運用上の工夫で回避できるケースが多い。

　２つめは現状分析を行う段階であっても、システム部門への協力依頼や人事内部のシステム知見者の関与などが必要となり、調査自体に多くの人的・時間的投資が必要となるためである。早期の変革達成を目指す上で分析段階での足踏み状態は可能な限り避ける方が望ましい。

　ただし、システムに関する追加調査実施自体を否定するものではない。デジタルツールの導入や基幹システム変更を含む大規模施策を行うことが、抜本的な人事変革に向けて避けられない場合は、必要な投資であると捉え、追加調査実施・システム入れ替え検討を行うことも必要である。その際には、どこまで調査を行うかのスコープ定義と、どのシステムを誰が契約しているか、システムコストはどのようになっているかなどの論点を明確にし、調査を行う必要がある。また、調査人員の増員やシステム変革は別プロジェクト化するなど、プロジェクトのスピード感を落とさないようにする対策は積極的にとっていきたい。

　Step 1 では変革の第一歩目として現状を把握するための基本的な考え方と代表的な手法を紹介した。こうした調査や分析は、事前に人事変革の目的・コンセプトをある程度固めた上で、調査対象や項目を設計することが本来であれば有効である。しかし、Step 1 の現状分析時点では目的・コンセプトが明確化されていないケースは多い。こういった「事実把握が先か、仮説構築が先か」という問題は人事変革に限らず、様々なケースで起こりうる。

　このような場合の対応方法は主に２つである。１つは現状見えている目的・コンセプトや課題に基づき、調査設計する方法である。もう１つは、簡易的な現状把握をクイックに行った上で、調査設計する方法である。例えば、経営層や人事役員などプロジェクトに対する強い権限と関心を持つ数人に対して、まずは人事に対する期待や課題を確認する。その上で、変革に着手する人事組織や機能とその変革の方向性などを仮置

きした上で、調査対象や項目を設計するのである。Step 1 に着手する時点での状態によっても異なるが、後者の方法がより精度が高く無駄のない形で進めることができる。こうして把握した現状を元に、変革の目的やコンセプト、その方針を具体化していくのが次のStep 2 である。

❸ Step 2：設計方針策定（人事ビジョン・方向性の明確化）

　Step 1 における分析によって、人事の現状が可視化され、変革に向けた出発点が定まった。Step 2 では、現状分析の結果を踏まえ、変革を通して人事が「何を実現したいのか」、経営層や従業員といった顧客に対して「どのような価値を提供すべきか」という変革のコンセプトを定義する（図4-10）。

図4-10：Step 2 （設計方針策定）のアウトプットの概要と論点

アウトプット	概要	論点・気を付けること
1. 人事のビジョン・ステートメント	・人事のあるべき姿を明文化した資料	・必要な要素の盛り込み ・実現を後押しするインパクトのある言葉選び
2. 戦略的選択結果 （Strategic Design Choices）	・人事機能設計のハイレベルな方向性の選択結果	・ビジネス部門のニーズ汲み取り
3. 顧客セグメント別 サービス提供方針	・顧客セグメントごとの人事へのニーズとそれに対するサービス提供方針の一覧	・ニーズ把握の単位 ・視点の偏り

① 人事のビジョン・ステートメント

　これまでの現状分析の結果を踏まえ、人事のビジョン・ステートメント（明文化されたあるべき姿）を定義する。その際に以下の 4 要素を盛り込むとより説得力のあるものに仕上げることができる。

Ⅰ．従業員が会社・組織の中で得る経験・価値：

従業員が会社・組織に入社してから退職に至るまでに、人事部門はどのような経験・価値を提供すべきか

Ⅱ．従業員の社会貢献・自己実現まで含めた経験：

所属する組織内での経験にとどまらず、従業員が志す社会貢献や自
己実現に対して、人事としてどのような経験・価値を提供するのか

Ⅲ．提供価値の独自性：

顧客（ビジネスリーダー、従業員等）にとって特別な価値・サービ
スは何か

Ⅳ．成功基準：

人事としてのあるべき姿を体現しているかをどのような基準（定
量・定性）で判断するのか

　また、ビジョン・ステートメントを定義する際には、言葉選びも重要
であり、聞き手に響くようなインパクトのある言葉を用いることが、そ
の実現を後押しする。

　例えば、P&G社では、人事のあるべき姿として、「ビジネス・リーダ
ー（経営者）とともに、人材・組織・システム・カルチャーの構築によ
って、ビジネスの更なる伸長や競争上の優位性を創造・維持する」こと
が示されている。人事がビジネスを理解し、そのビジネス目標達成のた
めに必要な人事施策を立案し、それを具体的なHRテクノロジーや人材
マネジメント上のアクションに反映させ、実行する役割を担うことを明
示している。

　こうしたビジョン・ステートメントを検討する際には、ステークホル
ダーとの議論を行って、ブラッシュアップしていくと、より納得性が高
いものをつくり上げることが可能となる。

　ビジョン・ステートメントを練り上げる際にも活用できるフレームワ
ークが「戦略的選択（Strategic Design Choices）」である。これは、事
業戦略や事業環境等を踏まえて、人事部門が提供するサービス範囲やガ
バナンス、従業員の経験価値等において何を重視するのか（何を捨てる
のか）などについて明確化するものである（図4-11）。2つの軸から
「よりどちらを重視するか」を選択することで、よりメッセージをクリ
アにすることができる。またステークホルダーとの議論でも、あえて極

端な選択を行うとした場合の意見を伺うことで、「何を大切にしているのか」をあぶり出すことができる。

例えば、「4：各ビジネスに対するサービスのあり方」の項目で、昨今のトレンドを踏まえて「個別化したサービスを今後重視する」という選択を行った際に、「不公平感が高まることは当社の築いてきた文化に鑑みると懸念が大きい」という意見がステークホルダーから多く挙がったとする。こう言った場合には、「公平感」というキーワードは新しい人事においても外してはならない可能性がある。こうした議論を踏まえて抽出されたキーワードや、戦略的選択の結果が、Step 3以降で行われる人事機能設計全体にも影響することとなる。

図4-11：Strategic Design Choices

		方向性A		方向性B
1	人事が担う領域	人事領域の経験価値	⟷	人事領域に留まらないあらゆる経験価値
2	ガバナンス	集権型	⟷	分権型
3	従業員に対するサービスのあり方	画一的なサービス	⟷	個別化したサービス
4	各ビジネスに対するサービスのあり方	画一的サービス	⟷	個別化したサービス
5	事業/地域ごとの人事プロセス	画一的なプロセス	⟷	個別化したプロセス
6	データ活用	意思決定の補助的材料	⟷	意思決定の主要要素
7	HRテクノロジーの構築	人事での活用を軸とした構築	⟷	現場での活用（権限移譲）を軸とした構築
8	人事が有する機能の幅	必要なサービス提供内容に特化した機能保有	⟷	全方位的なサービス提供を前提とした機能保有
9	人事のロケーション	本社（本体）集権型	⟷	各社（各組織）分散型
10	人事部員各人の役割	ジェネラリストとして幅広い業務を担当	⟷	スペシャリストとして特定業務に集中して担当

② 顧客セグメント別サービス提供方針

次に、人事の顧客への価値提供のあり方を検討するにあたっては、顧客のセグメンテーションを行い、セグメントごとにどのようなニーズを持っているのか、価値提供の際にどのような点に留意すべきかを把握する必要がある。なお、ここでの顧客には、従業員や経営陣、ビジネスリーダーに加えて、採用候補者や既に退職した従業員、外部のコミュニテ

ィーや組織までを考慮に入れる必要がある。

　以下では、特に重要なⅠ. 経営層（CXO）、Ⅱ. 事業のマネジメント層、Ⅲ. 従業員について、どのようにニーズを把握していくか述べていく。

Ⅰ. 経営層（CXO）

　経営層に対してはインタビュー等の一般的な手法に加えて、短期集中の議論でアウトプットを出す「人事変革合宿」を１～２日掛けて実施することも効果的である。ここでは、複数のテーマ設定を通して、経営陣・ビジネスリーダーなどのニーズを踏まえた人事マネジメントの方向性や施策、ロードマップを明確化する。

　セッションではまず、経営戦略を紐解き、今後の重点施策を整理する。その上で、経営戦略を実現するためにはどのような人材が必要で、どのように配置や育成、登用を行っていくべきかという人材マネジメント方針や、人事部門に求める貢献を社内外のベストプラクティス等も踏まえて整理する。

　ここまでの討議を経て、今後の人材マネジメントの方向性が明らかになり、そこに至るために解決すべき課題と取り組みのアプローチ、マイルストーン、推進体制が短期集中で具体化される。ここ数年、人事に対しては、「人事施策にビジネスとの整合性があまり見られない」、「人事データがビジネスに有効なインサイトに転換されていない」といったビジネス視点や人事データの活用が求められることが多い。

　「合宿」の実施にあたっては、ビジネス主導（これまでの管理中心の人事から、ビジネスの課題解決に資する人事への転換）とデータ主導（これまでの経験や慣習依存の仕事の進め方からデータ主導の科学的アプローチへの転換）を要素として盛り込むことが成功の鍵となる。

Ⅱ. 事業のマネジメント層（部課長以上）

　事業のマネジメントを担う事業部長、課長クラスに対しては、インタビューや座談会などの手法を通して人事部門へのニーズを把握すること

が一般的な手法となる。具体的には、Step 1で実施した業務量調査や成熟度調査等をもとに、抱えている可能性がある課題やニーズの仮説を立案した上で、意見収集や討議をすることになる。

業務量調査結果において着目すべきは、事業に対するサポートや助言に関する業務にどの程度の時間を投下できているかである。それは総体としての時間だけでなく、採用や育成といった各機能についても細かく把握しておく必要がある。そうしたデータを用いながら、「現状からより人事の関与を増やしてもらいたい機能はどれか」「具体的にどのような関与を求めているか」「過剰・不要なサービスとなっているものはないか」などを確認していくことになる。特にこの層は人材マネジメント全体の仕組みや、人事制度のあり方といった、各機能に留まらない俯瞰的な課題感やニーズも持ちつつも、普段の人事のオペレーションやサービスレベルといった具体的な課題感・ニーズも持ち合わせていることが多いため、時間を十分に確保した上で意見収集を行う必要がある。

Ⅲ. 従業員

第1章から説明している通り、近年の人事部変革検討にあたっては、従業員側の視点を盛り込むことが重要になっている。そのため、人事部門が従業員の経験価値に対して貢献する視点を確実に押さえていくためのアプローチが必要となる。

具体的には、まず、従業員に対してインタビュー等を行い、そこで得られた情報をもとに「ペルソナ」と呼ばれる会社で働いている従業員の性格、価値観等を具体的に表現した仮想の人物像を複数作成する。

次に、その人物像が入社から退社まで様々な場面において、彼・彼女の経験や感情において大きな影響を及ぼすような場面を幾つか紡ぎだす。その各場面において、彼・彼女がどのような経験をするのか、どのような感情を持つのかを具体的に描いて行く。こうした一連の描写を「ジャーニー」と呼ぶ。

そして、それぞれの場面ごとに従業員が人事に何を求めているのか、それに対して人事はどのような貢献をすべきなのか、どのような施策を

打つべきなのかを検討する。こうした従業員のリアルな視点からの課題把握やあるべき人事の姿の検討も織り交ぜながら、人事の設計方針を固めていく。

特にデロイトでは、従業員の経験価値やエンゲージメントを高める要素を5つにまとめている（The Simply Irresistible Organization™モデル）。その5つの要素とは、「有意義な仕事」、「支援的なマネジメント」、「豊かな職場環境」、「成長の機会」、「経営に対する信頼」であり、各場面においてこうした5つの要素を提供していくための人事のあり方や施策というものを洗い出すことによって、よりこの従業員目線での検討の精度を高めることができる。

> コラム　ペルソナの作成対象や作成軸
>
> いざペルソナを作成するとなっても、どのような対象を選べばよいのか、どのような軸で作成すればよいのか判断が難しいのではないだろうか。目的に応じて方法は異なるものの、代表的な2つを説明する。
>
> ①人材のセグメント化による方法
> 事業戦略の達成に必要な人材を「代替の困難さ」と「ビジネスに対するインパクト」という2つの軸で分類した上で、代替困難でビジネスに対するインパクトの高い人材を「クリティカル・ワークフォース」として定義し、そこから対象を選定する方法（図4-12）。
>
> 図4-12：人材のセグメント化
>
>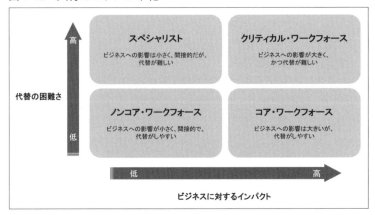

②統計学的手法を活用した取り上げ方

複数の変数（データ）の奥に潜む要因（共通因子）を探り出すために用いられる因子分析の手法を活用し、従業員の志向性や行動特性を幾つかの軸に整理を行った上で、それらの軸の組み合わせにより、従業員を幾つかのタイプ（クラスター）に分けてペルソナの対象となる人物像を取り上げる方法（図4-13）。

図4-13：人材データの因子分析

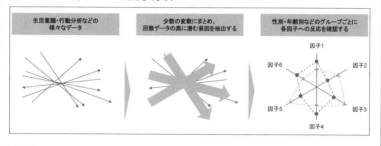

ここまでの検討結果をまとめると、人事が顧客に「どのような価値を提供すべきか」が明らかになる（図4-14）。人事変革の成功のカギは、「誰にどのような価値を提供するのか」というコンセプトが明確であり、そのコンセプトに基づいて人事の組織・業務・基盤等が構築されていることである。

次のStep以降、より詳細な議論に入るが、常にこのStepで定めた変革のコンセプトを念頭に置いて検討を進めていきたい。

図4-14：アウトプットイメージ（顧客別のニーズとサービス提供方針）

顧客セグメント	顧客の特性・ニーズ	サービス内容
経営層	・グローバルで競争に打ち勝っていきたい ・優秀な人材が欲しい ・次世代の経営層を計画的に育成していきたい	・グローバル人材戦略策定、組織ガバナンス構築支援 ・職務やスキルに応じた人事制度の再構築検討 ・後継者管理機能の拡充
ビジネスリーダー （事業部長）	・部門横断で適材適所の人員配置をしたい ・社内にどのようなスキル・経験を持った人材がいるか知りたい	・人材配置に関する企画・調整機能の強化 ・従業員の経験・スキル等の一元管理、必要情報の提供
管理職	・評価に多くの時間を要している ・部下のマネジメントのレベルにばらつきがみられる	・評価制度の見直し検討 ・従業員の経験・スキル等の一元管理、必要情報の提供
従業員	・日本語以外を母国語とする従業員も多数在籍 ・上司・会社への要望・想いを伝えられていない	・人事関連手続きの多言語対応 ・パルスサーベイの実施
採用候補者	・書類の提出等、やりとりに時間がかかり、リードタイムが発生している	・外部リクルーターとの協業による採用手続き効率化 （結果として採用候補者の満足度を高める）
外部団体	・事務手続きが煩雑だと感じている	・届出・申請に関するプロセス整備

4 Step 3：概要設計（人事サービスと体制の検討）

　ここまでのStepで、改革を通じて「何を実現したいのか」、人事の顧客へ「どのような価値を提供すべきか」という、言わば改革のコンセプトを定義してきた。

　Step 3では、この改革のコンセプトを新人事体制で具体的にどのように実現していくかを検討する。検討した結果として、「人事サービスリスト」「新体制の役割分担」「組織図のイメージ」の3点について具体化していくことがこのStepのゴールとなる（図4-15）。

図4-15：Step 3（概要設計）のアウトプットの概要と論点

アウトプット	概要	論点・気を付けること
1．人事サービスリスト	・改革のコンセプトを実現するために必要な、人事が保有すべき機能の一覧	・改革のコンセプトから人事機能への落とし込み
2．新体制の役割分担	・新体制の各要素（HRBP、CoE、HR Ops）のミッション・役割定義 ・担当業務の概要	・HRBPとCoEの役割分担 ・HRBPとビジネス部門の役割分担 ・CoEの中での役割分担 ・HRBP・CoEとHR Opsの役割分担
3．組織図イメージ	・組織図 （役割分担論から書き起こしたもの。管理スパンやレポートライン、人員配置の詳細化は今後）	・機能間の親和性 ・管理スパン

①　人事サービスリスト

　Step 2 で定義した「人事の提供価値」を改めて眺めてみて、これを実現するために必要な人事の職務・サービスを書き出してみる（図 4 -16）。

　例えばビジネス部門が部門横断プロジェクトの促進を望んでおり、人事としてそうしたプロジェクトにおける適任者の任命を支援したい場合に、どのような職務・サービスが必要だろうか。

　例えば社員のスキル・経験を可視化する職務や、適材適所を実現するための異動を提案・調整するサービスなどが考えられる。会社として優先度の高いプロジェクトに特定の人材をアサインするために、強制力を持って人材を「はがす」ことも、場合によっては求められる。

　人事がどこまでの機能や職務・サービスを持つべきかの線引きは、「何を実現したいか」次第である。実際の人事変革プロジェクトにおいては、コンセプトから必要な機能を導き出す一方で、具体的な職務・サービスを書き下してみることで、コンセプトがより実感を伴ったものに肉付けされることもよく起こる。このようにプロジェクトメンバー、関係者で議論を重ねながら設計方針と具体的な職務・サービスを密に連動させながら具体化していく。

　議論を尽くしたところで必要な人事職務・サービスを書き出し、一覧化したものを人事サービスリストとして最終化する。なお、「業務」リストではなく、敢えて「サービス」リストとしている点に注目いただきたい。現状調査に用いる業務リストは、現状「やっていること」を漏れなく書き出すことが、現状の課題を浮き彫りにするうえで重要であった。ここでいうサービスリストには、どのような目的のために、人事が「何を」「どこまで」提供するか、あくまで目的達成のために必要な要素を書き込んでいく。当然、現状では全く行っていないサービスもあれば、担当部署自体はあるものの、十分に提供できていないサービスもあるだろう。これらの要素を強化していくことが、人事変革の具体的な施策となる。

　ここで留意したい点としては、コンセプトに基づき人事が今後「やる

べきこと」を書き出すとともに、「やらないこと」も明確にすることである。特に大企業の人事部門に多く見受けられる傾向として、過去からの経緯で必要以上に手厚いサービスを提供し続けていることがある。

例えば、ある会社では、有給休暇の残日数の照会や、証明書の発行、勤怠登録方法の照会など、インフラさえ整備されていれば従業員がセルフサービスで十分対応できる作業を人事が代行している。限られた人事のリソースでより高度な人事サービスを提供するためには思い切った取捨選択が必要である。

図4-16：人事サービスリスト

大区分	小項目	プロセス・サービス内容
人材戦略	・人材ポートフォリオ戦略・人材管理	・人材ポートフォリオ・マネジメントの仕組み・評価軸の設計 ・人材ポートフォリオの可視化・課題の設定・施策の設計・展開 ・…
	・要員・人件費計画・管理	・要員・人件費計画のプロセス・ツールの確立 ・全社計画の策定・各ビジネスの計画との整合性担保 ・計画の採用・異動・昇格への落とし込み ・…
	・ダイバーシティ	・D&Iに関するKPIの設定・モニタリング ・サーベイ等を用いた課題の把握・施策の設計・展開 ・…
人材マネジメント	・人材マネジメント	・サクセッションプランニングの仕組みの確立 ・人材の発掘・人材プール形成の提言 ・キャリア開発の仕組みの確立 ・各ビジネスにおける人材像・キャリアパスの明確化 ・…
	・採用	・採用に関するKPIの設定・モニタリング・継続的なプロセス改善 ・採用に関するテクノロジー活用の推進 ・採用ブランディング ・採用チャネル・母集団形成方法の開拓 ・ビジネス部門の人材ニーズ掘り起こし・採用チャネルの提言 ・採用プロセス・手続きの効率化 ・…

人事サービスリストを作成する過程で、最終的に人事が「何を」「どこまで」提供すべきかが明確になってきた。この時点ではあくまでStep 2で定めた目的・コンセプト達成のために、あるべき論でリストを構築してきたが、このあるべき状態を実現するために、具体的にどのような変革が必要なのか、人事機能ごとに改めてブレイクダウンする（図4-17）。

こうした各機能の高度化・効率化の方針を明確化することによって、体制変更の際に各機能や組織において、どの程度の人員を準備するべきかの参考情報とすることができる。また同時に、変革実現に必要なリソ

ースや期間、実現可能性のイメージを膨らませておき、後段のStep 5で施策を優先順位付けし、ロードマップに落とし込む際のインプットとすることができる。

　例えば人材マネジメント機能の強化ポイントでよく掲げられるものとして、次世代の経営層を会社として計画的に育成していく機能、いわゆるサクセッションプランニングの機能を拡充する場合を考えてみる。仮に現時点でサクセッションプランニングに類する活動を全く行っていない場合であれば、まずは人材プールに選抜するためのスキル、経験、知識などの基準作り、選抜プロセスやシステムインフラの整備、会議体、運営部署等を設計する必要があり、比較的大掛かりな改革となる。一方で既にサクセッションプランニングの運用自体は定着しているが、より一層若手の段階から人材プールに抜擢したいという課題感がある場合は、基準やプロセスの見直しレベルの改善となる。

　またオペレーション効率化を行う際も、ほぼ内製している給与計算業務を思い切ってアウトソースする場合や基幹システムの刷新を伴う改革の場合は当然要する期間も長くなるが、Excel帳票の統廃合により効率

図4-17：人事機能ごとの改革方針

人事機能	課題と方向性	注力領域	
タレントマネジメント・要員計画	⬀ 人材ポートフォリオ（量・質の両面）の可視化・ビジネス戦略実現への提言 ⬀ 部門横断での適材適所を促進させる機能・権限・プロセスの構築	⬀	－
人材獲得	⬀ 中途採用の強化、多様な採用チャネル・タイムリーな候補者情報の確保 ✓ 採用プロセス・手続きの集約化・効率化、面接への人事同席の削減	⬀	✓
人材開発・育成	⬀ 自律的なキャリア形成を促す仕組み整備、研修プログラムのオンライン化 ✓ 研修プログラム、オペレーションを統一化し、SSCへ集約	⬀	✓
評価・昇格	⬀ 短サイクルでの目標の進捗確認、育成支援を行う仕組みの導入 ✓ 評価の調整と決定に関する階層の簡素化	⬀	✓
異動	⬀ 社内人材の経験・スキル情報の可視化・異動検討への活用強化 ✓ 決裁、合議、回覧手続きの見直しによる異動プロセスの整流化・簡素化・標準化	⬀	✓
報酬	⬀ 職務給の管理・運営運用体制の構築 ✓ オペレーションのSSC集約、従業員に対する直接的なコミュニケーションの実施	⬀	✓
福利厚生	✓ 社宅管理業務等の手作業・属人運用の標準化 ✓ 福利厚生制度（特に住宅関連の制度）の簡素化	－	✓
労務	⬀ 退職勧奨・事業案対応の全社的なポリシーの検討機能の強化 ✓ 同一労働同一賃金や働き方改革の施策の全社での対応検討（事業所毎でなく）	⬀	✓
HRIS	⬀ 人事データ分析・示唆の抽出・提言機能の構築 ✓ 権限・組織階層や人事プロセスを見直し、システムの運用・処理の工数削減	⬀	✓

＜凡例＞
⬀：高度化
✓：効率化

化を図るような場合は比較的短期に遂行できることが多い。

このように各人事機能について必要な変革を、変化の度合いと共に書き出していく。変化の度合いについては、例えば以下のような3段階で定義していくと共通認識を得られやすい（図4-18）。

図4-18：各人事機能の高度化・効率化の変化の度合い

	分類	内容
高度化	レベル1	・ 既存の組織で現状行っているサービスを高度化する
	レベル2	・ 組織の統廃合や役割分担の見直しを伴い、既存の業務を大幅に高度化する
	レベル3	・ 担当組織を新たに立ち上げ、業務自体を新規に構築する大規模な改革
効率化	レベル1	・ 既存の組織の中で、業務プロセスや帳票の効率化を行う
	レベル2	・ 組織の統廃合や役割分担の見直しを伴う改革
	レベル3	・ アウトソースや会社をまたぐ業務再編、基幹システムの刷新などを伴う大規模な改革

② 新体制の役割分担

改革のコンセプトを実現するために必要な、新人事体制の構成要素（HRBP、CoE、HR Opsなど）を定義していく。

それぞれのミッション・役割を書き下し、上で定義した「人事サービスリスト」を各要素に割り振っていく。HRBP、CoE、HR Opsの大まかな役割は第3章で記載したとおりだが、新体制で実現したいことにより、それぞれのカバー範囲は会社により少しずつ異なってくる。

ここでは役割分担を定義する際に必ず論点となる以下の5点について、どのように考えれば良いか整理するための観点を示したい。

Ⅰ．HRリーダーシップチームの構成およびCoEとの役割分担

Ⅱ．HRBPとCoEとの役割分担

Ⅲ．HRBPと事業側の役割分担

Ⅳ．CoEにおける役割分担

Ⅴ．HRBP・CoEとHR Opsとの役割分担

Ⅰ．HRリーダーシップチームの構成およびCoEとの役割分担

　人事部門全体のビジョン・中長期計画の策定、予算・リソース配分や大規模投資を必要とするプロジェクトの承認等、人事としての重要な意思決定を担う主体として、HRリーダーシップチームを定義しておく必要がある。

　HRリーダーシップチームはCHROが一人で担う場合もあれば、CHROおよびCoE・HRBP・HR Ops各要素のリードで構成される複数人チームである場合もある。複数人チームである場合は隔週〜月に１回くらいの頻度で会議体を設け、重要なアジェンダについて進捗確認や意思決定を行っていく。

　これらの役割の一部は後述するCoEのHR Strategy（人事戦略）チームが担っても良い。役割分担としては、人事戦略チームが情報収集・リスク・論点の洗い出しをした上で大まかな素案を作成し、HRリーダーシップチームが意思決定を行うイメージである。管掌する人事組織の規模や意思決定すべき事項の複雑性が高い場合には、CoEとは別に「CHROオフィス」のようなHRリーダーシップチームをサポートする組織を設け専属スタッフを配置するケースも存在するが、人員の肥大化や意思伝達スピードが遅くなるため、極力避けるべきである。

Ⅱ．HRBPとCoEとの役割分担

　基本的な関係性としては、CoEが全社的な人事戦略・施策の検討、共通の人事サービス・インフラ整備を担い、HRBPはこれらを有効活用して、各ビジネス固有のニーズに対しソリューションを提供していくという分担である。論点となるのは、どこまでビジネス固有の運用を認めるかである。

　例えばIT人材のようなプロフェッショナル人材をタイムリーに獲得することが、競争優位上極めて重要であるケースを考えてみる。

　この場合、ある程度HRBPに裁量を持たせて、ビジネス部門とHRBPが協働しながらマーケット水準に合った報酬内容で採用を決定していくことで、都度CoEが介入するよりも柔軟・迅速な対応が可能となる。た

だしこの場合も、コストコントロールや社内公平性の観点から一定程度の妥当性の検証はあってしかるべきであり、CoEとして如何にビジネスの意思決定スピードを減速させずに全体最適の観点から調整・介入を行えるかが、役割分担設計のポイントとなってくる。

Ⅲ．HRBPと事業側の役割分担

　基本的なHRBPの思想としては、ビジネス部門が主体となって行う人材マネジメントを、人事のプロフェッショナルとしてバックアップするというものである。しかし採用や評価、異動などの各人事機能における、ビジネス部門と人事との役割分担を具体的に検討していくと、人事の中の議論だけでは解決できないことが頻繁に発生する。なぜなら、事業のマネジメント層の権限・責任のあり方、ひいては事業運営の方針によってHRBPに期待される役割が大きく異なるからである。

　まず整理すべき点は、各部門における人材の確保や育成、処遇等の決定は事業のマネジメント層が権限・責任を持つのか人事が担うのかということである。

　これまでの日本企業においては、全体最適を重視した人材の配置や異動、育成や、処遇の公平性を担保することを重視して、人事が人材マネジメントの権限・責任を有するケースが多かったように思う。

　例えば日系の銀行等でよくみられるローテーション（定期異動）については、人事が中央集権的に人材配置を決定していることが多い。この場合のHRBPはソリューションを提言する立場というよりも、むしろ人材マネジメントの主体として活動していることになる。

　一方で、欧米企業などにおいては、誰をどのように採用し、どの程度の処遇を与えるかも各事業で決定を下すケースが非常に多い。これは事業運営の方針として、各部門のヒト・モノ・カネの権限を事業のマネジメント層に与える代わりに、P/Lの説明責任を担わせる形で、意思決定のスピードとガバナンスのバランスを担保しているのである。

　こうした事業側の方針は可能であれば、Step 1や2の段階で整理しておくことが望ましい。

Ⅳ．CoEにおける役割分担

　CoEの基本的なミッションは全社的な制度・施策やツール・ソリューションの創造であるが、この中にも採用戦略、育成計画、報酬設計等の多岐にわたる機能が含まれるため、価値が発揮しやすいチーム構成を設計する必要がある。

　最もシンプルな体制としては、HR Strategy（人事戦略）、Talent（人材マネジメント）、Compensation（報酬戦略）の３つのチーム構成である。

　ここでいうTalentの中にはTalent Acquisition（採用・人材獲得）、Talent Management（人材マネジメント）、Talent Development（人材開発）が全て含まれているが、果たしてこれらを１つのチームで見切れるかというのは１つの論点である。一気通貫で設計することで施策に連続性が出せるメリットがある一方で、ミッションが多岐にわたることで一部が機能不全になる可能性もある。例えば社員のキャリア開発が喫緊の課題であるような場合は、Talent Developmentの機能はチームとして独立させ、施策の拡充に専念してもらうことも選択肢の１つである。このあたりの組織の分割単位については後程詳述する。

　また、CoEの役割分担では、第3章で説明した「外部ネットワーク・パートナー」との役割分担も重要な検討事項である。これまでは人事組織や職務の設計を行う際に、基本的に企業内部で担うことを前提に検討を進めることが多かった。しかし、CoEは今後より高度な専門性や最新の知見を求められていくことになるため、職務領域によっては企業内に常時その機能・サービスや人員を確保していくことが効率的でない場合がある。例えば、M&Aに関する人事デューデリジェンスや人材移管、制度統合などがこれに該当する。M&Aの頻度が高くない企業においては、内製化を行わず外部の専門家集団を活用する方針とすることも十分合理的である。

Ⅴ．HRBP・CoEとHR Opsとの役割分担

　HRBPはビジネス部門への人事的側面の支援、CoEは競争優位につな

がるような人事サービス・インフラの拡充へそれぞれ注力してもらうため、オペレーショナルな業務は可能な限りHR Opsへ集約させることが原則である。

特にHRBPはビジネス部門とのコミュニケーション頻度が高いため、どうしても従業員からの問い合わせ窓口になりがちであるが、こうした積み重ねによりかなりの工数が割かれていることを改めて認識し、人事制度や規則に関する問い合わせには一切対応せず、窓口はHR Opsに集約するくらいの思い切りが必要な場面もある。

一方でHR Opsも単純な処理業務については、今後はテクノロジーが担うことで、ある程度高度な判断を伴う業務、人事サービスの企画や改善活動へ担当領域をシフトしていくことが求められる。

CoEが担うのは中長期的な人事戦略を描く領域、非常に専門的な判断・意思決定を含む領域、不定期で発生するプロジェクトベースで対応が必要な高度な領域に絞り、それら以外をHR Opsが担うことが究極的な姿である。

③ 組織図への落とし込み：人事組織への振り返り

ここまでで明らかになったHRBP・CoE・HR Opsのミッション・担当業務をもとに、組織図に落とし込んでいく。最近では会社の中に明確な組織図を設けず、プロジェクトや自律的に運営されるチームの集合体で組織が成り立つ、ネットワーク型組織が注目を浴び始めている。そのような組織の場合は、ここまでに定義した人事サービスが、状況に合わせ柔軟にそれぞれのチームに割り当てられることとなる。将来的には人事部門も内部に組織構造を設けない姿が主流となる可能性は十分あるが、現時点では部・課の階層構造を持つことが大半である。

ここでは役割分担のイメージが湧きやすいよう、現状の階層構造を一旦踏襲し、組織図を設計するためのポイントを見ていくことにする。

まず、HRBP設計におけるポイントは、人事組織が「人事の顧客」を意識した姿になっているかという点である。よく見かける人事の組織図としては、人事部の下に採用課、人材開発課、給与課のように機能別の

組織がぶら下がっている形である。一方で、HRBPとは特定の人事機能
を担う部隊ではなく、担当ビジネスに対しあらゆる人事サービスを横断
的に提供する部隊であるため、機能別の組織構造では役割を担いにくい。
従って、HRBPとして人事の顧客への価値提供にコミットするためには、
部でもチームでも良いが、ビジネス軸で区切られたHRBP部隊が所属す
る組織を設けることが望ましい。なお、HRBPについては第3章でも述
べたように、HRビジネスパートナーとHRビジネスアドバイザーといっ
たように複数階層を設けることも有効であり、基本的には管掌組織の従
業員数に応じて人数を決定することが通常である。

　次のCoEやHRSSの設計におけるポイントは、組織の分割単位（どの
程度の大きさで区切るか）であり、基本的には2つの観点から検討する。

Ⅰ．機能・役割の親和性

・機能・役割の親和性が高く、一気通貫で検討・推進することが望ま
　しい場合は同一組織にまとめる
・一方で、同一組織にまとめることでそれぞれの機能のミッションと
　しては薄まってしまうため、専門性を特化させたい場合は組織とし
　て独立させる

Ⅱ．管理スパン

・組織マネジメントの観点から、一人のマネージャーが見切れないほ
　どのレポートライン（≒領域）の数になる場合は、組織を分割する
・一方で、管理スパンを狭くし過ぎるとポストの増加・組織の肥大化
　につながるため、適正なレポートラインの数を保つ

　1つめの「機能役割の親和性」に関しては、実際にCoEの内部構造を
検討した事例を見ながら検討のポイントをつかんでいただきたい。
　この人事部では当初CoEが8つのチームに分かれていた（図4-21）。
少し細分化されているように感じるかもしれないが、これはこれで各チ
ームのミッション・役割が明確であり、専門性を追求する上では適した

形と言える。

図4-19：CoEの8つのチーム

人材・組織戦略	組織開発・育成	採用	報酬・福利厚生
・人材戦略 ・要員計画 ・評価 ・サクセッション	・コンピテンシー管理 ・組織開発 ・チェンジマネジメント	・外部採用 ・オンボーディング	・報酬 ・福利厚生 ・海外転勤関連
人事IT・ガバナンス	D&I	人事管理	労務
・HRテクノロジー ・HR戦略・ガバナンス	・D&I（ダイバーシティ）	・コンプライアンス管理 ・雇用契約管理	・労務戦略・管理

　一方で挙がっていた課題としては、各チームが検討する施策の整合性が取れていないことが多々あり、人材マネジメントを一気通貫でみるチームが必要なのではないか、というものだった。この課題感を踏まえ、プロジェクトチームは複数の選択肢を書き出し、機能間の連携と専門性のバランスをどのようにとるべきか吟味した。

　例えば採用チームを組織・人材計画チームへ統合することで、会社として求める人材像と採用ターゲットがより明確になるのではないか、また組織・人材開発チームを組織・人材計画チームへ統合することで、人材計画の実現手段としての人材開発施策により具体性が出るのではないか、等の論点が議論された（図4-20）。

図4-20：CoEの区分けオプション

	CoEの区分けオプション	メリット	デメリット
1	現行の8機能を維持する	・8つの各機能における専門性が深まる	・各機能がサイロ化することにより機能間交流が低下する ・組織としての柔軟性が低下する
2	採用に、公募および国内・海外異動を含める	・人材獲得機能における専門性が深まる ・人材獲得戦略が総合的・包括的となる	・これまでの採用機能には必要とされてこなかった知識が必要となる （例：海外移動に際する給与変更や税務処理など）
3	組織開発・育成と、人事企画を統合する	・タレントマネジメントを包括的に俯瞰することが可能となる ・タレントマネジメントをひとつの組織で担うことで、HRBPの調整先・相談先を減らす	・専門性が低くなる可能性がある

このように、実際の業務遂行・コミュニケーションをイメージしながら、最もコンセプトを実現しやすい組織図へと落とし込みを行っていく。

次に組織の分割単位を検討する2つめの観点である「管理スパン」について解説する。機能・役割の親和性の観点から組織図を概ね書き下したのちには、業務を遂行するために必要な人数規模を大まかに割り振ってみる（図4-21）。

この時点でメンバー一人ひとりまでの配置を検討することは難しいが、各部・課の組織長クラスはある程度バイネームで想定しながら設計を進めることで、実現性の高い検討ができる。もちろん、各組織の役割を書き下した結果、残念ながら現時点での人事部に適任者が存在しないこともあるだろう。その場合は、組織のスピーディーな立ち上げを優先して人材を社内外から獲得することもあれば、人材育成も兼ねて現有人材で配置を検討し、段階的に機能を強化していくアプローチも可能である。

大まかな人数規模を割り振ったところで、組織マネジメントの観点で無理のない体制となっているか検証をかけていく。業務の性質により、適切な管理スパン（マネージャー一人が直接管理するメンバーの数）の目安があるので、基本的にはこれを参照するとよいだろう。

一般的には、マネージャー一人当たり8程度のレポートラインが適正とされている。管轄するメンバーが概ね同じような業務を行っている場合や、担当領域が定型的な業務が主である場合は、1：20程度まで管理スパンを広げても十分マネジメント可能であるとされている。

一方で担当領域が複雑で高度な専門知識を要し、メンバーと常にコミュニケーションを取りながら業務遂行する必要がある、もしくはマネージャーが具体的な検討内容まで踏み込んで手を動かしながら業務遂行する必要があるような場合は、1：3程度に管理スパンを絞り、丁寧なマネジメントを行うことが望ましい。

図4-21：管理スパンの考え方

管理スパン	特徴	使用環境
大きい (一人あたり20人程度)	・管理職は現場における課題には関与しない ・管理職とスタッフをつなぐ中間管理職への負荷が高くなる ・スタッフとの1on1フィードバックの頻度が低くなる・行いにくい	・管理職が、人事管理など事務的な管理を行う場合に使用可能
適切 (一人あたり8人程度)	・管理職は現場における課題に関与する ・スタッフが権限と責任をもって役割を遂行する ・チーム内コミュニケーション(情報共有や意思決定)が効率的に行われる	・すべての一般的な組織にて使用可能
小さい (一人あたり3人程度)	・管理職は現場における課題に深く関与する ・管理職がスタッフの管理にほぼすべての工数を割く 　(マイクロマネージ) ・組織における縦割り意識が強まり、意思決定が官僚的になる	・特殊・複雑な役割を担い、管理職による明確な指示出しが必要な組織にて使用可能

　管理スパンの考え方について2点ほど留意すべき点がある。

　1つは、レポートラインの数と組織の人数規模は異なる点である。例えば人事部の人数は100名だったとして、部の中は6つの課に分かれていたとする。この場合の人事部長のレポートラインは人事部員数の100ではなく、直接業務上のコミュニケーションを行う課長の数の6である（もちろん、部長が課長以外の部員とコミュニケーションを行うことはあるし、行うべきであるが、業務上の指揮命令の系統数としての目安としての考え方である）。

　もう1つは、外形上の組織図の形というよりも、実態としてのレポートラインのほうが重要という点である。例えば先ほどの例のように、人事部が100名体制だったとする。この時、仮に組織図上は課の階層がなく、100名全員が部に直属であったとしても、実際に部内での業務遂行は複数のチームに分かれており、人事部長は主には8名のチームリーダーと日常的にコミュニケーションしているような場合は、組織設計上は全く問題ない。逆に、課としては6つに分かれていても、各課長が課のマネジメントをやり切れず、個別案件が都度部長へエスカレーションされてくると実態として部長のレポートラインは見かけ以上に広がっており、負荷が過多となっている可能性がある。

ここまでStep 3では改革のコンセプトを実現するためにHRBP・CoE・HR Opsがどのような役割を果たすべきか、また組織の形としてはどのような体制が望ましいかを定義してきた。

　このStepで留意すべきポイントは、冒頭でも少し述べた「各Stepの行き来も生じうるアジャイルな進め方を行う」方法がこのStepで特に求められるということである。組織の切り方には絶対的な正解がないため、この段階では仮置きした上で、Step 4以降で具体的に業務フローなどに落としたときに、その妥当性を検証することが求められる。また、機能やサービスを並べただけでは、新たな人事の姿を具体的にイメージすることが難しく、ステークホルダーの合意を得られないケースもある。

　そう言った意味でも、Step 3とStep 4は相互に行き来しながら、仮置きと具体化・検証を繰り返しながら、検討を進めていくことが望まれる。

　次のStep 4ではもう一段検討の粒度を細かくするかとともに、意図した通りの業務遂行が可能となる仕組みの設計方法を説明する。

5 Step 4：詳細設計（権限・フロー・会議体等の設計）

　Step 3において、「人事がどのような機能やサービスを実装し、それぞれどの組織が担うべきか？」ということが明確化された。

　しかしこの静的な定義だけでは、実際の人事業務の運営を開始することができない。まずは、人事の各組織が業務に対して「どこまでのことが出来るのか」という権限定義が必要である。特に先述したような「事業側と人事どちらが人材マネジメントの権限・責任を有するか」を明確にする意味でも、非常に重要な作業となる。そして、各業務について、人事が事業・従業員、社外のステークホルダー等を含めてどのような流れで業務を行うかを明確化した業務フローなどの作成が必要となる。

　特に、要員計画策定や、人事異動といった事業側を含め複数の組織が分担して遂行するような業務は優先して作成すべきである。また特に各組織の分担が曖昧になりそうな幾つかのイレギュラーな事項（例えば労

務事故発生など）に対しても、フローを簡易的に作成することで、細か
い業際が明確化されたり、これまで定義した役割・職務分担の妥当性を
検証することができる。更にこうしたリアルな職務のイメージが具体化
されてくると、ステークホルダーの納得性や理解を促進することに繋が
る。

　本Stepではこうした権限・責任の明確化やフローの作成に加えて、組
織運営において欠かすことができない会議体の設計方法などについても、
詳述していきたい（図4-22）。

図4-22：Step4（詳細設計）のアウトプットの概要と論点

	アウトプット	概要	論点・気を付けること
1.	組織別の権限一覧・職務分掌	・ 各人事組織が人材マネジメントの断面（採用・配置・評価・報酬・育成 等）において有する権限の一覧	・ 人材マネジメントの単位 ・ 同一の人材マネジメントであっても対象者・目的に応じどう区分するか
2.	人事イベント別のフロー	・ 人材マネジメントの中でキーとなるイベント（人事異動、評価、昇格 等）における、各人事組織の具体的なフロー	・ キーとなるイベントの抽出
3.	会議体設計書	・ 情報連携や意思決定等のために必要な会議体と、その目的・アジェンダ、参加者、実施タイミング等を可視化した資料	・ 会議体の前後を含めた可視化

① 組織別の権限一覧・職務分掌の作成

　まず、組織別の権限一覧・職務分掌の作成から始める。権限を整理す
る際に有用なのが、「RACI」というフレームワークである（図4-23）。
　「RACI」とは、R：実行責任者、A：説明責任者、C：協業先やファ
シリテーション役、I：報告先という4つの区分に従って、権限を定義
していくものである。またCやIといった通常の権限規程等ではイメー
ジされないような区分が入っているのは、組織運営において円滑なコミ
ュニケーションが不可欠だからであり、そういった間接な関与を行うべ
き当事者を可視化するためである。

図4-23：RACIの概要

	区分		内容
R Responsible	実行責任者		・タスクや成果物を提案し、実行する役割
A Accountable	説明責任者		・提案事項を承認し、必要な手続きにおいて主な説明者の主体となる役割
C Consulted	協業先		・専門的な知識を有しており提案事項の決定に際し意見を求められる役割
	ファシリテーション役		・中立的な立場で、会議体の設定やファシリテーション等を行う役割
I Informed	報告先		・進捗状況の報告を受け、次のアクションに繋げる役割

　具体的な作成方法は極めてシンプルである。縦軸にStep 3までで定義した機能・サービスの項目を並べ、横軸に人事や関連組織、役職を並べたマトリクスの中に、RACIを書き下していく（図4-24）。こうすることで、特定の列を見ればその組織がどのような場面でどのような役割を果たすか、を一目で確認し、ガバナンス上や運用上問題がないか議論することが出来る。

　縦軸と横軸は必要に応じて細分化していく必要がある。例えば縦軸に関しては、一括りに「配置」といっても、対象者や目的に応じて役割分担が分かれるケースがある。「配置」を例にとると、対象者が非管理職である場合と管理職である場合では関与者の階層が大きく異なることは容易に想像出来る。また、部門や事業領域を横断する場合とそうでない場合では、会社としての全体最適の視点をもって、どのようなガバナンスをかけるかが変わるであろうし、サクセッションとしての配置も存在するだろう。このような視点をもって、縦軸を区分していく。

図4-24：RACIの例（配置）

人材マネジメント			関与者				人事組織	
大区分	中区分	小区分	CEO	CHRO	現場部門役員	現場部門部長	XX部	XX部
人材戦略	要員・人件費計画	…	…	…	…	…	…	…
	組織設計	…	…	…	…	…	…	…
採用	新卒採用	…	…	…	配置におけるRACIの例			
	中途採用	…	…	…				
配置	管理職	上級管理職	I（報告先）	A（説明責任）	R（実行責任）		C（協業）	C（ファシリ）
		部門横断	I（報告先）	A（説明責任）	R（実行責任）		C（協業）	C（ファシリ）
		部門内	I（報告先）		A（説明責任）	R（実行責任）	C（協業）	C（ファシリ）
	非管理職	部門横断		I（報告先）	A（説明責任）	R（実行責任）	C（協業）	C（ファシリ）
		部門内				R（実行責任）	C（協業）	
					I（報告先）	A（説明責任）		C（ファシリ）
評価	…	…	…	…	…	…	…	…
報酬	…	…	…	…	…	…	…	…
代謝	…	…	…	…	…	…	…	…
…	…	…	…	…	…	…	…	…

② 人事業務・イベント別のフローの作成

　組織別の権限一覧・職務分掌が作成された段階で、「具体的にどのような業務の流れになるのか」ということを明確にしていく。例えばRACIを作成しても「CHROが上級管理職の配置に関して説明責任者を担うとはどういうことか？」といった問いが生じるため、「具体的にいつ何をどのように行うことである」ということを明確化していかなければならない。

　主に2通りの方法が存在する。

　1つは人事の機能・サービスリストまたは権限一覧を更に詳細化して、作業レベルの一覧とする方法、もう1つは業務フローを作成する方法である。これは、縦軸に関係者（Who）、横軸に時期（When）が並び、その中に具体的なアクション（What）ややり方（How）が記載されるものである（図4-25）。

　前者のメリットとしては作業工数が比較的少なく、既存の資料を活用することができる一方、デメリットとしては、業務の流れやスケジュール、連携が見えにくい。

　一方後者の業務フローは逆である。理想を言えば、どちらも整備されていると、新たな体制への移行が非常にスムーズであるものの、現実的

には特に新規で行う業務や、変化が大きい業務、連携が多く必要な業務などを中心に業務フロー化し、それ以外のものはリストで対応するような選択にならざるを得ない。

なお、業務フローに関しては作成における留意点が3つある。

図4-25：業務フロー

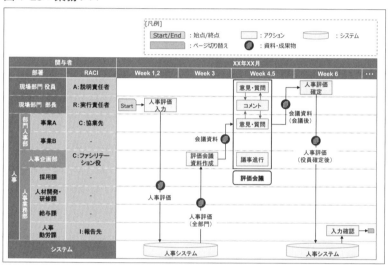

I．各アクションによって生成される成果物をベースとして書き下す

人事業務は戦略・企画からオペレーションまで多岐にわたるが、特に詳細に書き下すべきなのは、何らかの意思決定の前後におけるプロセスである。そこでは、意思決定を行うための材料としての中間成果物や、意思決定に基づくアウトプット（成果物）が定義されている必要がある。ほぼ全てのアクションは、これらを生成する、またはこれらに付加価値を与えるために行われる。ゆえに、フローは成果物をベースとして書き下す。

「XXを検討する」などといったアクションの記載では、具体性が伴わずに権限一覧・職務分掌から議論が進まないことになりかねない。また、その際の成果物の建付けや付加価値を与えるにあたって、言及すべき観

点・ポイントまで記載出来ると良い。

Ⅱ．必要な会議体を洗い出す

　人材マネジメントの局面で多く発生するのが「会議体」である。必要なステークホルダーが一堂に会し、効率的に意思決定を行うために実施する。フローの中にも、当然この「会議体」が多く登場するはずである。

　この「会議体」の具体化については後述するが、フローの中で、どのような会議体か必要か洗い出されることが望ましい。

Ⅲ．デジタル・テクノロジーの活用を検討する

　フローはどのような媒体で作成すべきだろうか。意外とこの問いは見落とされがちである。

　初めにフロー作成に着手した担当者によって、表計算ソフトやプレゼンテーションソフトで作成されることが多い。ここで着目して欲しいのがデジタルテクノロジーの活用である。業務効率化に目が向けられている昨今、業務可視化のステップで欠かせないフロー作成についても、様々なソフトウェアが登場しているのである。これらは、操作性の面からも、また企業内のフローを標準化する上でもおおいに役に立つため、検討の余地がある。

　このようなフェーズに入ると、作業が細かくなってくるため、検討の進め方にも工夫が必要である。例えば、ハイレベルな業務フローや業務一覧は、プロジェクトの事務局で作成し、より詳細なものは各業務の担当者に分担して業務フローを作成してもらったり、作成された成果物をレビューするための分科会体制が必要となることもある。

　一方で、時間が限られる中で進捗管理が重要となるとともに、業務フローを作成・検討する中で、再度組織別の権限設計について議論が必要な場合が考えられるため、主要ステークホルダーが参集する場が、定期的に必要である。

150

③会議体の設計

上述した通り、フローを作成する中で、複数の会議体が想起されたはずである。会議体の中で、どのようなアジェンダを掲げ、何を意思決定するか、またその中で各人事組織がどのような役割を果たすか、といった事項は、これまで進めてきたタスクと同様に、組織が有する権限や求められる役割を可視化する上で重要である。

具体的に、会議体設計書の中には、下記を盛り込むことが求められる（図4-26、図4-27）。

図4-26：会議体設計要素

	項目	内容
1	設置目的・アジェンダ	どのようなアジェンダについて議論し、どんな意思決定を導くために会議体を実施するか？
2	実施時期・頻度	いつ、どのような頻度で会議体を実施するか？
3	開催場所・媒体	どのような場所または媒体(ソフトウェア・ネットワーク)で会議体を実施するか？
4	参画者	誰が会議体に参画するか？
5	進行要領・役割分担	誰がどのような役割を果たすか？
6	必要資料・会議体の成果物	会議体実施にあたり、どのような資料を準備し、会議体終了後にどのように整理するか？

図4-27：進行要領・役割分担の例

会議の目的	■ 一次評価者から各対象者の評価結果の説明を受け、妥当性の検証や課題を議論する ■ 評価分布を確認し、他部門の状況や人事の方針も踏まえて、必要に応じ調整する
ステークホルダー	**求められるアクション**
現場部門 部長	・評価に関する基準に照らし、部下の評価について判断理由を説明する ・部下の育成について、強み・課題・今後どう成長させていくか説明する
その他の 現場部門 部長	・自らの部下に対する評価の判断基準も踏まえ、違和感のある点を伝える ・対象者の育成について、アドバイスや組織として期待するポイントを伝える
現場部門 役員	・必要に応じ、人事企画部長やその他の現場部門 部長と同様のアクションを行う ・等級毎に評価順に対象者を羅列し、ボーダーライン上の対象者について、 　個別の入れ替えが必要か参加者に確認し、評価を確定する
HRビジネス パートナー	・部長の説明に対して、「評価する対象は適切か？」「評価の基準は適切か？」という視点から意見・質問する ・対象者の育成について、アドバイスや組織として期待するポイントを伝える
HRビジネス アドバイザー	・必要資料を投影するとともに、資料に関する質問へ回答する ・時間管理を行う

会議体の「解像度」を上げるためのポイントを挙げるとすると、それは、「会議体の前後」まで可視化することである。上述したフロー作成において、「会議体の前後」でどのような中間成果物が生成されているかは可視化されているはずだが、改めて確認すべきだろう。

④各組織のKPI設定

　①～③の成果物を作成したことで、各組織が取るべきアクションのイメージが固まってきた。一方で、新体制の移行後に各組織が当初想定していた通り動いているかをモニタリングするための仕組みが必要である。その仕組みがKPI（Key Performance Indicator）である。KPIは各組織が、経営が掲げる理念やビジョンの実現、引いては人事全体や人事の各機能・組織のビジョンに対してどのように・どの程度貢献しているかを測る指標である。

　従来掲げられてきたKPIは、売上高・営業利益といった経営目標数値に紐づき、ブレイクダウンされたものが多かった。しかし、今後人事がKPIを掲げるにあたっては、まずは経営理念やビジョンから、人事としてどのように貢献するか、という視点で人事のビジョンを書き下すところから始める必要がある。経営目標数値のみからKPIを考えると、どうしても人事の貢献の幅が広がらないということや、人事組織・機能によっては同数値との繋がりが持てずにKPIを立てられないという結論に至ってしまうということが起こり得るためである。さらに、人事のビジョンを達成するということは、具体的にどのような結果を出すか、という視点でKGI（Key Goal Indicator）とKPIを書き下す（図4-28）。

　例えば、「要員人件費の適正化」という組織の目標を掲げるとすれば、そこには人件費効率と生産性の視点があるため、それぞれについて、「総額人件費あたり営業利益」や「従業員一人あたり売上高」といったKGIを掲げる。そして、例えば「総額人件費あたり営業利益」というKGIを構成する要素としての総額人件費をモニタリングする上で、等級別人件費単価と等級別要員構成などがKPIとなる。

図4-28：KPI例

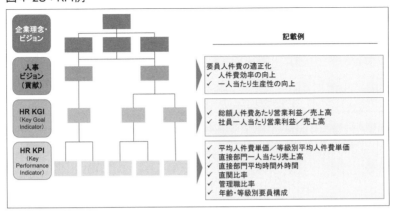

　Step 4では権限・職務分掌、業務フロー、会議体、KPIの設計方法について説明してきた。もちろん変革する機能領域や範囲によっては、ここまで説明したもの以外にも検討すべき事項や準備すべきアウトプットが存在する。例えば、システムまで含めて変革を行う場合には、今後のシステムマップやデータの管理や活用方針など予め議論しておく必要がある。また、人事の各機能の高度化や効率化を実現するためのデジタルツールの導入なども積極的に活用すべきであろう。しかし、そういったケースにおいても、Step 4までで説明したような「新体制移行に必要な設計図」の準備は不可欠となる。次のStep 5では揃えた設計図を有効に活用して、確実に変革を実行するための方法について説明する。

6　Step 5：実行計画策定／Step 6：実行（実行体制・施策・ロードマップ策定）

　Step 4までの検討によって「変革の設計図」を手にすることができた。しかし、これまでのプロジェクト経験上、詳細な設計図を持っていたとしても、それを実行に移すことはもちろん、体制移行完了に至るまでの道のりは非常に困難を極める。
　これまでの検討が無に帰さないように、事前に綿密かつ戦略的な準備を行う必要がある。

本Stepでは、Step 5「実行計画策定」とStep 6「実行」を統合して、プロジェクト完遂においてキーとなる①推進チームの組成、②効果的な施策の検討、③施策実行スケジュールの策定及び関係者へのコミュニケーションプラン策定、④施策実行に移った後のモニタリングについて詳述する（図4-29）。

図4-29：Step5（実行計画策定）・Step6（実行）のアウトプットの概要と論点

アウトプット	概要	論点・気を付けること
1. チーム体制図	・変革を進めるチームメンバーを選定する ・チーム内の役割分担やレポートラインを明確にする	・アサインメンバーの資質 ・メンバー拠出組織の納得感
2. 施策一覧	・変革に向けて何を行う必要があるか実行施策を検討する ・実行施策ごとの効果を算出する	・施策検討の方向性
3. 実行計画（ロードマップ および コミュニケーション計画）	・施策毎に優先順位をつけスケジュール化（ロードマップ を作成）する ・関係者を特定しコミュニケーションプランを策定する	・施策の優先順位基準 ・トップのコミットメント
4. 施策の進捗管理資料	・ロードマップ・コミュニケーション計画に基づき施策実行 を進める ・定期的に進捗を確認し、成果を更新する	・施策実行者のモチベーション維持 ・モニタリングの仕組み化

① チーム体制組成

まずチーム組成においては、「横の軸」と「縦の軸」を検討することとなる。「横の軸」とは検討チームの数であり、本変革を完遂する上で、どのような検討テーマやタスクが存在し、それをいくつのチームで検討していくかを示す。もちろん、これまで説明した各Stepに応じて検討テーマやタスクが異なるため、それぞれの期間における体制を構想していくことが必要となる。「縦の軸」とは意思決定の階層のことである。

各チームのタスク量によっても異なるが、コミュニケーションの効率性や機動性に鑑みて、通常は1チーム6人以下程度で組成することが多く、基本的には当該領域に関して必要な知識・スキルを持つ人を任命することとなる。

ただし、あえて育成の観点や新体制における配置に向けて、ポテンシャル重視で何名かのメンバーを選定することもあり得る。メンバー選定において最も重要なことは、必要な工数を予め確保した上で、業務上の評価対象として加えることである。

実はこうした準備が不十分で、プロジェクトが遅延したりストップするケースが多い。確かに現在抱えている業務を軽減することは非常に困難であるが、通常は通常業務を劣後させるリスクの方が高いため、プロジェクト業務がなおざりになる。ゆえに、予め当該メンバーの上司などの理解を得たうえで、活動参画へのハードルを下げるとともに、重要な仕事である認識を持ってもらうことが重要になる。

　そしてメンバーの選定以上に重要なことが、チームリーダーとなる方の選択である。チームメンバーの動きはこのリーダーの差配や振舞いによって大きく左右される。

　「良いリーダー」の定義は多様な理論が存在するため、すべては取り上げられないが、有名なものとしては三隅二不二が1966年に提唱した「PM理論」などが参考になると思われる。PM理論とはリーダーシップをP：パフォーマンス（目標設定や計画立案、メンバーへの指示など目標達成に向けた能力）と、M：メンテナンス（メンバー間の人間関係を良好に保ち、集団のまとまりを維持する能力）に分解し、それらが共に高い状態のリーダーシップが望ましいとした理論である。こういった能力が共に高い人材は、おのずとマネジメント経験がある職位が高い人材となりがちだが、現在の職位にとらわれず、両面からチームを牽引できる人材を広く選ぶべきである。

　次に縦の軸の設計に移る。

　チームが1つであればそれ程複雑ではないが、複数のチームを組成する必要がある場合には、「誰がどのように意思決定を行うのか」「どのように情報連携を行うのか」の設計が不可欠である。

　まず意思決定に関しては、各チームが取り扱うテーマを包括的に意思決定できる機関の設計が必要である。こうした機関を「ステアリング・コミッティ」と呼ぶ。ステアリング・コミッティのメンバーは、会社の権限規程上、チームが上程する提案に対して、ヒト・モノ・カネ等の決裁権限を有している人が就任することが望ましい。もちろん、1名でな

くとも良いが、その場合には意思決定のための方法や会議体を明確に定めておく必要がある。また、通常は「プロジェクト・オーナー」として、最終的なプロジェクト責任者を定めておくこととなる。大規模なプロジェクトの場合、プロジェクト・オーナーやステアリング・コミッティから権限移譲を受けた「プロジェクト・マネージャー」がある程度の意思決定を行うケースもある。いずれにせよ、どのようなテーマを誰がどのように決定するかを予め明確化しておかないと、円滑なプロジェクト進行が困難となる。

　そして、大規模なプロジェクトにおいては、PMO（プロジェクト・マネジメント・オフィス）と呼ばれる全体統括機関を設置するケースが多い。PMOはプロジェクト・オーナー（またはマネージャー）の右腕となって、プロジェクトの管理方法の決定やプロジェクト環境の整備、リソースや資金の調達・調整、各チームの情報連携促進や進捗・課題管理などを行う。プロジェクトの規模が大きくなるほど、また各チームの連携やQCD管理が重要なプロジェクトほど、PMOの手腕が問われることとなる。こうした全体の体制を整備することで、変革を実行に移すことができる。

②　施策検討

　次に人事変革に向けた具体的な施策の洗い出しを進める。

　まずは、新たな体制に移行する際に必要となる事項を洗い出す。具体的な実施方法の例としては、人事機能ごとに業務改善の観点（図4-30）などを用いて検討し、施策一覧として取りまとめる（図4-31）。なお、検討にあたってはこれまでの常識・慣例により検討の幅を狭めず、変革の聖域を作らないようにしたい。それは、今回の変革では実施できないような施策であっても同様である。

　施策が洗い出されたら、カテゴリ分けを行うなど整理しておくことで、どのチームが担当すべきかが明確となる。また、後述する優先順位付けの作業もより効率的に実施することができる。なお、施策の種類は影響が大きいものから以下の4つに大別される。

Ⅰ．人事サービス提供の基盤となる人事機能・人事組織デザインに関する施策

本書Step 2～4でも触れた人事役割や人事機能配置、組織変革を伴う施策である。具体的には、ハイインパクトモデルへの転換、オペレーション業務のSSC化、HRBPの組織化、人事人材の再配置などである。

Ⅱ．人事マネジメント・人事制度に関する施策

人事サービスを提供するための前提となる従業員等の人材マネジメントのあり方自体や、人事制度の変更を伴う施策である。Ⅰ.人事機能・人事組織の検討の中で、採用（入社）から代謝（退職）に至る一連の人材維持・活用のめざす姿や手法を大きく転換する必要性が生じる場合が多い。またこうした方針の転換はおのずと制度や後述する人事サービスなどの変更を要することとなる。

Ⅲ．人事サービス・業務の高度化を主眼とした施策

これまで未実施のサービスを開始するなど人事部門業務の付加価値を高める施策である。経営層・事業への貢献や従業員利便性を高めることを念頭に、これまで未実施の人事サービスを提供するためのルール変更などにも踏み込む。

Ⅳ．人事サービス・業務の効率化を主眼とした施策

現在実施できているサービス提供に関する工数削減や省力化を実現する施策である。RPA適用やいわゆるECRSの法則を通したオペレーション変革が本施策の主なものである。全グループ従業員のオペレーション工数削減などにつながる運用ルール簡素化・標準化なども含まれる。

なお上記の施策は個々に進めるものでなく、優先順位に基づき同時並

行的に実施される。

また、多くは施策間の相互影響が想定されるため、後段ロードマップ作成で優先順位とともに関係性の整理を行っておく必要がある。

図4-30：工数削減を実現するための業務改善の手法

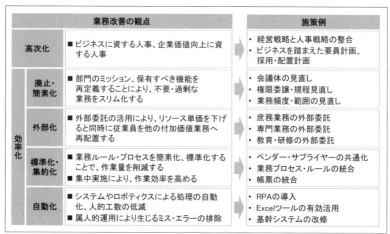

業務改善の観点			施策例
高次化		■ビジネスに資する人事、企業価値向上に資する人事	・経営戦略と人事戦略の整合 ・ビジネスを踏まえた要員計画、採用・配置計画
効率化	廃止・簡素化	■部門のミッション、保有すべき機能を再定義することにより、不要・過剰な業務をスリム化する	・会議体の見直し ・権限委譲・規程見直し ・業務頻度・範囲の見直し
効率化	外部化	■外部委託の活用により、リソース単価を下げると同時に従業員を他の付加価値業務へ再配置する	・庶務業務の外部委託 ・専門業務の外部委託 ・教育・研修の外部委託
効率化	標準化・集約化	■業務ルール・プロセスを簡素化、標準化することで、作業量を削減する ■集中実施により、作業効率を高める	・ベンダー・サプライヤーの共通化 ・業務プロセス・ルールの統合 ・帳票の統合
効率化	自動化	■システムやロボティクスによる処理の自動化、人的工数の低減 ■属人的運用により生じるミス・エラーの排除	・RPAの導入 ・Excelツールの有効活用 ・基幹システムの改修

図4-31：成果物イメージ：施策一覧

項目レベル			課題						
業務Lv1	業務Lv2	業務Lv3	課題	施策分類	施策内容	定量効果	重要度	緊急度	優先順位
採用	新卒	全般企画	人事部人員不足で例年通りの対応が困難	基盤	運営の一部に外部人材活用	ー	高	高	1
		募集企画	…						
		募集運営	…						
		面接企画	部門面接官確保が困難で面談設定が適時に行えず、他社選考進捗による辞退が多発	高度化	研修拡充での将来面接官の増加	1年後に面接官1.2倍	中	小	3
				効率化	採点の電子化での効率向上	10分/回	中	高	2
		…	…	…	…	…	…	…	…

Point1 業務と紐づけて施策を検討

Point2 何の課題に対する施策かを明確化

Point3 施策毎の効果を明確化

Point4 共通の基準で優先順位を明確化

③ ロードマップ

これまでに検討してきた施策に優先順位をつけて、スケジューリングし、ロードマップとして可視化する（図4-32)。優先度付けは「効果」と「実現難易度」を基に検討を行う。

まず「効果」については可能な限り、定量的な効果試算が望まれるが、人事領域の場合は定量化が困難なケースも多いため、定性的な効果も整理をしておく。

　「実現難易度」は実施に必要なコストや巻き込むべきステークホルダー、必要な投資などの面から判断をする。

　こうした2つの軸から優先順位付けを行うことになるが、細かい1つひとつの施策で行うのではなく、先述したカテゴリーなどである程度まとめたテーマ単位で優先順付けを行う場合もある。というのも、1つの施策では「効果」が低いが、複数の施策を1まとめにして実行することで、より変革の実現に資するケースや費用対効果が高まるケースがあるからである。

　こうした施策やテーマを時間軸に整理したものがロードマップである。

　ロードマップ作成において、ぜひ考えておきたいのがスモールスタート・クイックウィンである。つまり、規模小さくすぐ成果が出る施策をプロジェクト初期に完遂させるような計画が望ましい。

　これは、プロジェクトメンバーに成功体験を積んでもらうためである。プロジェクトに慣れていないメンバーにとって成功体験を積むことは、モチベーションやプロジェクト一体感の重要な要素である。プロジェクトの評判を上げ、協力者を増やすためにも有用である。当初3か月などの短期間で一定の成果を得られるように戦略的なロードマップを描くことが重要である。

図4-32：ロードマップ策定のイメージ

④　モニタリング体制構築

　変革を開始した後に、各施策が確実に実行されるようモニタリング体制を構築する。重要なのは組織目標への貢献状況の管理とプロジェクト推進状況の管理の両立である。

　貢献状況の管理では、プロジェクト成功定義を第2章の図2-8でみたようなモニタリング指標（KPI）として設定し、その管理を行う。推進状況の管理では、個々の施策実施状況を確認する。またフェーズごとの体制変更なども実施する。

　モニタリング体制は、推進主体による自主的な指標モニタリングに加えて上位者によるレビューを行う構成とする。その際、上位者レビューを定期的に開催することでプロジェクトのマイルストーンとし、ロードマップ上で明記することも重要である。また、プロジェクト推進による想定貢献効果は組織目標にも組み込んだ上で、適宜全社への発表などを行い、部署全体で意識できるようにするなど、変革の動きが止まらないような仕掛けも構築したい（図4-33）。

図4-33：KPI管理イメージ

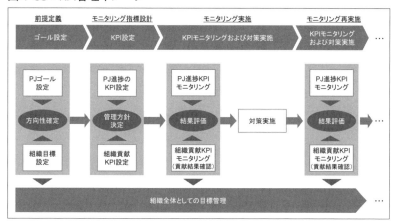

　ここまでの検討を通じて、プロジェクトのチーム組成・施策検討・ロードマップ策定とモニタリング体制構築について具体的に解説してきた。最初にチーム組成に関して触れたが、実際には施策やロードマップなどを検討する中で、体制の調整を行うケースがほとんどである。特に、「人事機能ごと」に変革を進める場合と「テーマごと」で進める場合で大きく検討体制や留意すべき点が異なる。

ケース1　人事機能ごとの効率化および高度化を軸としたプロジェクト体制（図4-34）

　人事としての組織体制は大きく変えることなく、人事部の効率化と高度化をクイックに実現させるケースである。

　標準的なアプローチでは、まず効率化施策にて人事サービスの工数削減を果たし、削減によって他に振り替えられる時間を使って高度化施策の実現を目指すこととなる。課題が発生している機能ごとのメンバーを巻き込んで施策を抽出し、ロードマップ作成時点で全社目線を踏まえた優先順位設定を実施する。また、検討や実行も機能ごとのメンバーにて進めることにより、具体的で実現可能性が高い施策の立案や、迅速かつ確実な実現が可能となる。

本ケースの留意すべき点は、日々慣れ親しんだオペレーションから大きく離れたドラスティックな解決策が生まれにくいことである。施策抽出時点で俯瞰的な目線やゼロベースで施策を抽出するためには、視座を半ば強制的に高めるための工夫が必要である。

　例えば、効率化の目標値を非常に高く設定したり、高度化された人事の先端事例を常にインプットする機会を設けたり、機能横断の施策を検討するための体制を組成するなどの対策を講じることが考えられる。

図4-34：推進体制図例①

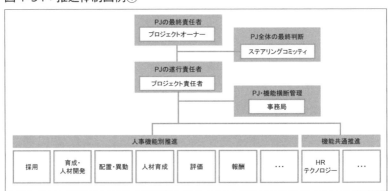

ケース２：機能を横断した体制の構築や課題解決を軸としたプロジェクト体制（図4-35）

　現状の人事組織から大きく体制を変更したり、新規にHRBP組織を立ち上げる、もしくはデジタル化の推進など複数機能に影響があるテーマを取り扱うケースである。

　例えばCoE組織でいうと、これまで「配置」「育成」「評価」の機能を別々の部署で担っていたものを、「タレントマネジメント」という組織に統合して高度化を実現する場合はこうしたプロジェクト体制が適している。また、これまでHRBPに類する組織やチームが全く存在しなかったケースにおいても、HRBPの職務や体制などを検討する上

では機能に閉じないプロジェクト体制が望ましい。

　本ケースの留意すべき点は、各テーマの連携が非常に重要になることである。

　ケース1では、各チームでどのような内容を検討すべきかが比較的明確であり、領域の重複や漏れが生じにくい。

　一方で本ケースでは、そうしたリスクに加えて、各チームが全く別の方向性で検討を進めてしまうことなども頻繁に生じる。

　例えば、HRBP立ち上げのチームにおいては、「出来る限りビジネスリーダーとは対面で会う機会を増やすことで、信頼関係を構築する」という方向性で検討を進めているとする。一方のデジタル化推進チームにおいては「情報連携は極力デジタルダッシュボード上で行うとともに、リモート対応を推進していく」という方向性で検討を進めている場合がある。こうしたコンフリクトは実際に様々なケースで生じるため、先述したPMOによるコントロールや、全体方針の明確化を予め行っておくことが重要となる。

図4-35：推進体制図例②

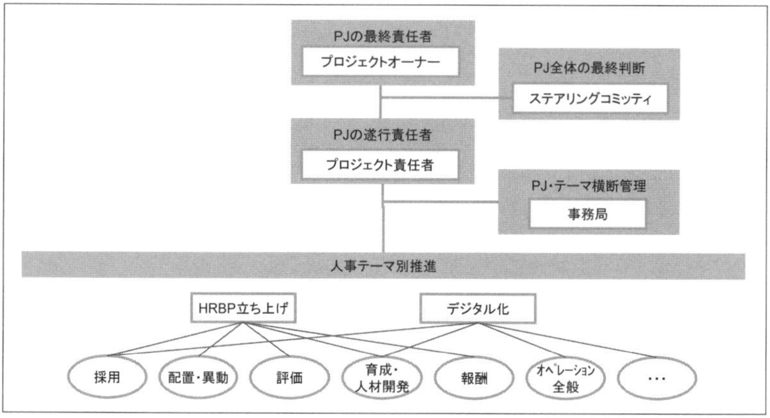

以上の2ケースを見てきたが、変革に着手する領域の大きさや変革テ

ーマの置き方、変革効果とスピードのどちらを優先するかなどによっても変革体制設計や検討の進め方は大きく異なる。

　重要なポイントは検討の段階（これまで述べてきたStep）ごとに最適な体制を検討することは当然だが、各段階の途中でも進捗状況やメンバーの状況などに応じて柔軟に体制は組み替えてもよいということである。もちろん、最後までやり抜いてもらうことで責任感を醸成したり、成功体験を積んでもらうことは非常に良いことである。しかし、それに拘泥するあまり、プロジェクトが膠着状態であるのにもかかわらず、体制にメスを入れないことは致命傷にも繋がりかねない。

　こうしたケース以外にも人事変革を阻むよくある失敗のケースを知り、プロジェクト初期からポイントを踏まえた体制構築や施策検討を進めてほしい。（図4-36）

図4-36：人事変革において一般的に生じる障害と対応策

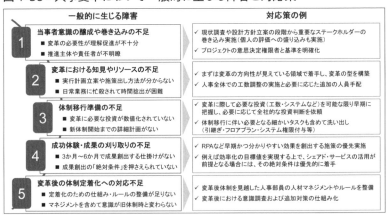

　本パートでは実行計画策定と実行のための手法を説明してきたが、組織運営の観点から変革時のプロジェクト体制構築の他、変革終了後の業務を見据えた人材確保・育成も併せて行うことが必要となる。なぜなら、これからの人事の設計図を実現する主体は人事部員だからである。

　「人事人材」については第5章にて詳述する。

7 本章のまとめ

　ここまで、基本的にどのような人事変革の場合においても活用できるアプローチ例を紹介してきた。

　Step 1の現状分析から始まる大きな流れについては、人事変革に関するどのようなプロジェクトでも行われるものである。なお、1つひとつの具体的な手法については、第3章などで紹介した「これからの人事の姿」や近年のトレンドに基づく新たな手法も盛り込まれている。

　例えば、従業員などのエクスペリエンスを重視するトレンドの中で、より従業員一人ひとりの想いや感情に寄り添った「ペルソナ」や「ジャーニー」などの手法をご紹介した。

　Step 1から6までの一連の流れの中で、もっと重要なものは冒頭に紹介した「Fit for Purpose」のアプローチに基づき、設計の方向性を定めるというStep 2である。それはもちろん、Step 3以降の議論や設計の基盤になるという意味もあるが、変革自体に意味を持たせるための手順としても欠かすことができない。

　プロジェクトを進めていく中で、詳細な設計になればなるほど、当初の目的を忘れた議論に陥る傾向にある。その時に改めて、「何のためにこの変革を行っているか」に立ち戻る必要がある。そうしたプロジェクトの拠り所とも呼ぶべき場所を、プロジェクトの関係者を含めて可視化することで、「Step 6まで行ったが何の成果も得られなかった」という事態を避けることができる。

　新たな人事を構築するためには時間も労力も必要とし、時には予想できなかった障害にぶつかることもあると思う。しかし、変革の目的を見失わず、これまで説明したStepを1つひとつ前に進めていくことで、大きな成果を得ることができる。

第 **5** 章

最強人事を担う "人事プロフェッショナル"

1 最強人事の担い手をつくる

　これまで、人事変革の在り方とその設計の考え方を述べてきたが、実際に進めていく中での懸念材料の１つが「人事人材」に関する問題である。

　人事戦略を策定し、人事機能を設計し、人事組織に責任・権限を与えても、その期待に応えることができる人材が存在しなければ、構想は絵に描いた餅になってしまう。

　しかしながら、この問題は優先度が下げられがちである。主な理由としては次の３点が考えられる。

　「そもそも人事変革の度合いや人事部員に求められる人材要件の変化を十分認識出来ていないこと」、「人事変革にかかる検討・施策実行に時間・工数を要し人材育成に手が回らないこと」、「人事変革をすれば人材は適応を目指し、その中で成長していくものであるという認識が存在すること」という理由である。

　人事変革を実現するためには、現状の人事部員の大きなマインド転換・リスキルが必要となる。人事部員に対する会社・組織からの支援なしには乗り越えられない。当事者である人事部員にとってみても、会社・組織からの支援がない場合は、人事変革に対して不安となり、ひいては人事変革自体への反感に繋がる可能性もある。

　また、人事部員の人材流動性（転職や出向等によって人材が企業・企業グループの垣根を越えて異動・転籍する人材の規模やスピード）も高まっている。優秀な人事人材を確保・維持するためにも、人事部員育成への注力が必要となる。優秀な人事部員であればあるほど、所属企業・人事組織において、自身がどのような経験を享受できるか、という視点で企業・人事組織を評価し、自らの所属先を考える傾向が強い。

　人事部員の育成を考えていくためには、これからの人事を担うプロフェッショナルの要件を整理する必要がある。人材要件を定義することで、

人事プロフェッショナルの社内におけるキャリアパスを描くことや、または社外から人事プロフェッショナルの採用を行う際の要件設定にも活かすことが出来る。

本章では、そういった人事プロフェッショナルの人材要件や育成について語る上で、次のような問いかけを軸に進めていきたい。

●これまで人事部員にはどのような役割発揮・マインド形成・スキル獲得が求められてきたか？
●これからの人事プロフェッショナルはどのように分類されるか？そして、これからの人事プロフェッショナルにはどのような役割発揮・マインド形成・スキル獲得が求められるか？
●人事プロフェッショナルを育てる上で押さえるべきポイントは何か？

2 これまで求められてきた「人事オペレーション人材」

これまで人事部員はどのような姿を目指すべきとされてきただろうか。期待されてきた役割とそれを果たす上で求められてきたマインド、スキル・知識といった人材要件と、人事部員の育成やキャリアについて説明したいと思う。

① 人事部員に期待されてきた役割

デイビッド・ウルリッチ著『MBAの人材戦略』で触れられているとおり、人事は、①管理のエキスパート、②戦略パートナー、③従業員チャンピオン、④変革のエージェントという大きく４つの役割を有している（図5-1）。

そして人事部員には、これらの役割のいずれか、または複数をそれぞれ担うことが期待されている。

現在、人事で活躍する人材を見れば、このいずれかの役割が当てはま

ると思う。

図5-1：人事に求められる役割

#	区分	役割
1	管理のエキスパート	従業員管理のため制度を設計すること。または、制度を運用すること
2	戦略パートナー	事業戦略と連動した形で、組織を診断し、戦略を実行するための人材を確保・配置すること
3	従業員チャンピオン	働く者の視点に立って、従業員が望むものや彼らの不満や欲求に耳を傾け、可能な限り従業員の声に対応した人材マネジメントを行うこと
4	変革のエージェント	人事が組織と人の変革を可能にする変革推進力を確保し、また実際の企業変革において変革を推進する役割を担うこと

出所：デイビッド・ウルリッチ（1997）「MBAの人材戦略」

　実際のところ、これらの役割はそれぞれどの程度重要視され、また現場の人事部員はどの程度実現を自認しているだろうか。

　HR総研が2018年に上場および未上場企業の人事責任者・担当者向けに実施した調査によると、人事に現在求められている役割は、「管理のエキスパート」が最も高く38%で、次いで「変革のエージェント」が32%であった（図5-2）。一方で、今後人事に求められる役割は、「戦略パートナー」が51%と回答に占める割合が大きく伸長し、「管理のエキスパート」は13%へと縮小している。この方向性自体は多くの人事部員が感じる感覚と近しいものであると思う。

　既に多くの企業ではこの役割を担うことを期待して、「人事企画部」「人事計画部」等の呼称で人事組織・機能が設計されている。

図5-2：人事に求められる役割

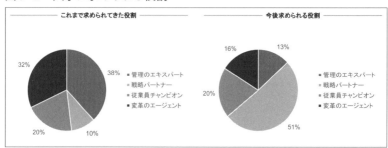

出所：HR総研（2018）「人事の課題とキャリアに関するアンケート調査」

②　人事部員が持つべきとされてきたマインド

　2013年に労務行政研究所が人事部員420名に対して行った人事部員に必要とされるマインド・姿勢に関して、以下6つの観点から調査を行っており、その結果をご紹介したい。

Ⅰ．信頼性：正確かつ期限を順守した業務を行う姿勢、機密性の高い情報や権限を濫用しないような高い自律性

Ⅱ．バランス感覚：板挟みの状況でも一方に寄り過ぎない姿勢、激変を緩和する意識

Ⅲ．伝える意識：伝えるべき内容を第三者に対して丁寧に相手の立場に立って伝え、納得・理解を促そうとする意識

Ⅳ．動かす意識：受容力・共感力・支援力といった、ともに動き状況を変えていくマインド

Ⅴ．考える力：分析力・統合力・論理的思考力といった、抽象的な物事を捉え方向付け、解決の手法へ導く力

Ⅵ．公正・中立、高いモラル：多面的な視点でみて違和感ない判断・行動をとる意識

　人事部員に必要と考えられるマインド・姿勢は「信頼感」が最も多く60%、「公正・中立、高いモラル」が49%、「バランス感覚」が38%であった（図5-3）。

　特に、オペレーション業務が多い人事では「ミス・エラー」をいかに起こさないかが大事にされている。また、仕組みづくりの上でも現場でのコミュニケーションにおいても、経営層、ミドルマネージャー、従業員の間に立って会社をうまく調整する立ち回りが求められてきたことが見て取れる。一方で、「考える力」は30%、「伝える意識」は20%、「動かす意識」は16%である。このように、これまで人事部員に求められてきたマインドは、周りを巻き込みながら人事施策をリードするといった「前のめり」なものよりは、公平・中立性をもとに周囲との協調・守り支える思考といった「縁の下の力持ち」的なものであったと考えられる。

図5-3：人事部員に必要とされるマインド・姿勢

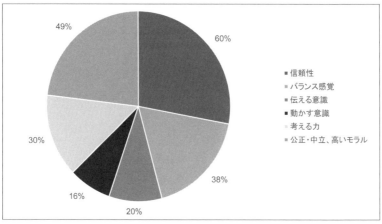

出所：労務行政研究所（2013）「人事担当者の現状と方向性」

③　人事部員が習得すべきとされてきたスキル・知識

　人事部員に求められるスキルは、より「戦略パートナー」としての役割が求められるようになったことを背景に変化してきている。

　具体的には、コミュニケーション能力や企画立案・推進力といった能力が最も重要視されていた時代から、経営感覚や戦略的な知識・思考力の獲得を求める方向に変わってきた。

　2011年に労務行政研究所が人事労務担当者198名に対して行った調査では、2011年当時に重要と思われていたスキル・能力と、当時から5～10年後に重要と思われる能力・スキルを分析しているが、当時もっとも重要視されたのは「コミュニケーション能力」で76%と突出しており、次いで「企画立案・推進力」の61%であった。一方で将来的に重要とされたのは、「経営感覚」の65%、次いで「戦略的な知識・思考力」の59%であった（図5-4）。

図 5 - 4 ：人事部員に必要とされるスキル

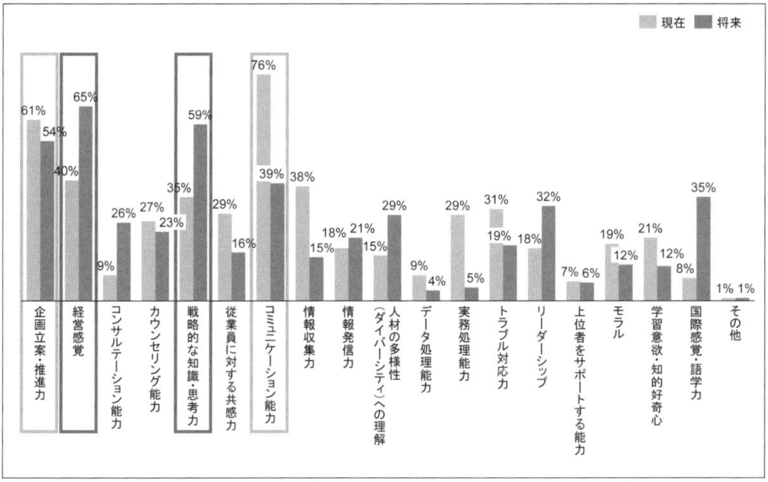

凡例：現在 ■将来

61% 54% / 65% 40% / 9% 26% 27% 23% / 59% 35% 29% 16% / 76% 39% 38% / 15% 18% 21% 15% / 29% 9% 4% / 29% 5% / 31% 19% / 18% 32% / 7% 6% / 19% 12% / 21% 12% 8% / 35% / 1% 1%

企画立案・推進力　経営感覚　コンサルテーション能力　カウンセリング能力　戦略的な知識・思考力　従業員に対する共感力　コミュニケーション能力　情報収集力　情報発信力　人材の多様性（ダイバーシティ）への理解　データ処理能力　実務処理能力　トラブル対応力　リーダーシップ　上位者をサポートする能力　モラル　学習意欲・知的好奇心　国際感覚・語学力　その他

出所：労務行政研究所（2011）「人事担当者の育成と『学び』に関するアンケート」

④　人事部員の育て方や歩んできたキャリア

　次いで、人事部員のキャリアパスを見ていきたい。人事部員のキャリアパスは大きく３パターンある（図5-5）。

　１つめは、人事の専門家として一貫して人事畑でキャリアを歩むパターンである。事務系・技術系で職群が分かれる企業では、人事・経理・営業等の区分けで職種別採用を実施しており、このパターンが該当する。給与系・採用系などでキャリアを開始し、自分の得意分野を形成した上で、中堅ポジションからは制度設計・運用の分野へ進出するといったキャリアパスである。

　２つめは、人事でキャリアを開始し、事業経験を踏んで、また人事に戻ってくるパターンである。例えば、ある大手製造業では、事業所人事として現場経験からキャリアをはじめ、他事業所や本社人事へ異動してある程度専門分野を任される経験を積んだ上で、他部門経験・出向を経て管理職となり、そのあと、戦略パートナーとしての役割を担うキャリアパスを描いている。

　そして３つめは、事業でキャリアを開始し、人事で経験を積んだ後、

第5章　最強人事を担う〝人事プロフェッショナル〟

また事業に戻るというパターンである。ある大手不動産会社では、人事は経営と近く、また全社にかかわる企画・運用を担うことができることから、将来の経営幹部候補の育成のために、人事経験を積むキャリアパスを描いている。

　なお、3つめのパターンはどちらかというと人事部員の育成というよりは、事業メンバーの育成のほうが近しいため、厳密にはパターン1と2が人事部員のキャリアパスに該当するとも言える。

図5-5：人事部員の職場異動パターン

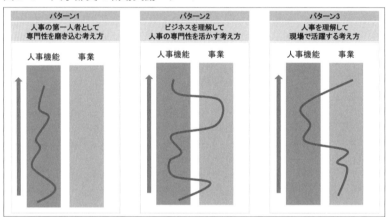

　2011年に労務行政研究所が人事労務部員（課長クラス以上）198名に対して行った人事部員の異動パターンに関する調査を見てみると、「他部門→人事」が最も多く40％超、次いで「一貫して人事部門」が30％程度となっている（図5-6）。

図5-6：人事部員の職場異動パターン

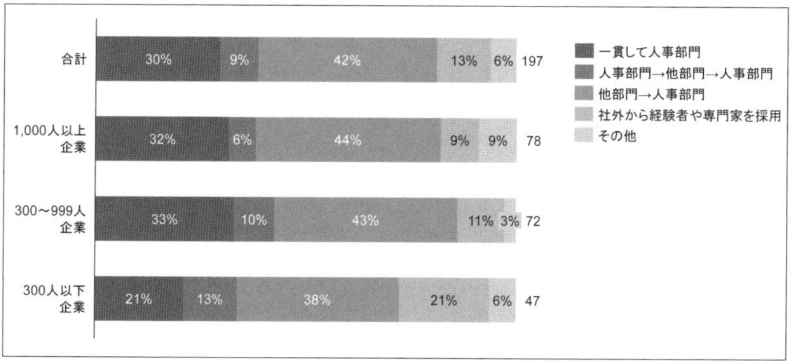

出所：労務行政研究所（2011）「人事担当者の育成と『学び』に関するアンケート」

　以上を踏まえ、人事部員の現状を整理してみたい。これまで求められた役割として最も大きな割合を占めていたのが「管理のエキスパート」であり、求められたマインド、スキル・知識は、ともにその役割を果たす上で重要な要素である「信頼性」や「公正・中立、高いモラル」、「コミュニケーション能力」に集中していた。これは、第2章で整理した、戦略機能・企画機能・オペレーション機能のうち、人事の仕事の約80%を占めるオペレーション機能を果たす人材が主に求められてきたこととも整合が取れる。

　以上のような人事部員に対するこれまでの役割や業務実態を踏まえ、あえて本書ではこれまでの人事人材を「人事オペレーション人材」と定義する。人事・労務関連での様々な法令・規制が整備される中で、それらに適切かつ正確に業務をこなすことは、企業が人事部員に対して明確に求めてきたことであった。その要請に応えた人事部員たちが、これまで安定的に企業の基盤を支えてきたということは言うに及ばずである。しかしながら、要請は時代によって変化する。これからの人事部員はどうあるべきかを常に問い続けなければならない。

3 これから必要なのは「人事プロフェッショナル」

　テクノロジーが急速に発達した今、個人が多くの人や企業と対等の関係で繋がり、多様な経験に裏打ちされた知識やスキルを分け合う形に進むと考えられている。そういった社会に適合できるのは、価値の高い専門性をもったプロフェッショナルである。ここで言うプロフェッショナルとは、医者や弁護士などのいわゆる「士業」のような伝統的な職種だけでなく、自分が何者であるか、どのような価値を提供出来て何が出来ないかを、自らの責任で「プロフェス（宣言）」出来る人材である。

　また、ビジネス環境は変化が激しく、かつ様々な事象・要素が複雑に絡んでおり、先を容易に見通すことが出来ないVUCA（Volatility（不安定さ・変動性）、Uncertainty（不確実性）、Complexity（複雑性）、Ambiguity（曖昧さ）の頭文字を並べた言葉）な環境では、自律的に成果を出し、それを相手にしっかり説明して、相手がそれを評価してくれる状況をつくるとともに、常に自身の発揮できる価値を向上する必要がある。

　人事人材も同様である。「人事に求められる価値提供を明確に認識し、相手（経営・ビジネスリーダー・従業員）にそれを説明出来て、かつ相手がそれを評価してくれるような人材」すなわち人事プロフェッショナルにならなければならない。

　具体的には、ビジネスの変化や人と組織領域のトレンド、自社・自事業の人事・組織の実態を踏まえながら、将来の人事・組織のありたい姿を描き、課題を抽出することが求められる。

　総じて意見が対立しやすい人事・組織の検討を合意に導くためには、事実を丁寧に積み上げ、複数のソリューションとそのメリット・デメリットを整理し、周りを動かしながら、提案・合意形成に至るところまでをリードすることも必要であろう。ここまでしなければ、経営層をはじめ顧客から「価値ある提言」として認められることは一層難しくなっていく。そして、これらを実現するためには、人事人材は採用・配置・育

成・評価・報酬・代謝といった人材マネジメントの領域を横断して、分析の観点、ソリューション、他社動向といった「引き出し」を持っていなければならない。

　なお、これまでの「人事人材」はプロフェッショナルではなかったのかという点について触れておきたい。

　例えば、給与計算・勤怠等のオペレーションに習熟し、余人をもって代え難い位置にいる人材や、法令を熟知し訴訟対応や企業として対応が求められる同一労働同一賃金関連の措置等、特殊な事案が発生した際に適切な対応を取ることが出来る人材が想起される。

　これらの人材は、人事に求められる価値を認識しているし、相手（経営・ビジネスリーダー・従業員）に対してそれを説明出来る。また、相手からは日々の業務の中で、感謝もされているだろう。そういった人材でさえも、今後進化が求められるというのは、「人事に求められる価値提供」が変化しているということなのである。

　内容は第4章までで述べてきたため割愛するが、この「人事に求められる価値提供」の変化は、「プロフェッショナル」の定義を書き換え、「これまでの定義におけるプロフェッショナル」を、いわば「スペシャリスト」または「オペレーター」へ位置づけを変えてしまうような影響力を有していると考えられる。

　ここからは、「人事プロフェッショナル」に求められる要件を「人事プロフェッショナルが今後持つべきマインド」と「これからの人事プロフェッショナルが習得すべきスキル・知識」の2つに分けて考えていく。

４ 人事プロフェッショナルに求められるマインド

　人事プロフェッショナルに求められる人材要件として変化する1つめはマインドセットである。

　マインドセットとは、仕事をする上での行動を決めるものである。ピ

ーター・ドラッカーは「成果をあげる人とあげない人の差は才能ではない。いくつかの習慣的な姿勢と基礎的な方法を身に付けているかどうかの違いである」と語っているが、この「習慣的な姿勢」がマインドセットである。

人間は行動するとき、いくつかの行動の選択肢の中からいずれかを選んでいる。どんなに高いスキルを有していても、行動の選択次第では、成果を高める方向にも、そうでない方向にも向くことさえある。

当社ではプロジェクト事例を踏まえながら、今後、人事プロフェッショナルに求められるマインドを以下の4つに整理している（図5-7）。

Ⅰ．アジャイル志向
Ⅱ．バリュー意識
Ⅲ．やり抜く意識
Ⅳ．クリティカルシンキング

図5-7：今後人事プロフェッショナルに求められるマインド

Ⅰ. アジャイル志向
大胆な仮説を立てて、失敗してでも実行してフィードバックを受けて改善することを実践しようとする／または歓迎するマインドである。いまの人事は失敗を許容されない状況に置かれている（と思っている）ためにこのマインドに薄い傾向にある

Ⅱ. バリュー意識
自らの提供価値を言語化し、また周囲やカスタマーからのフィードバックを受けて改善しようとするマインドである。先に述べたプロフェッショナルの定義から、この要素は必須である

Ⅲ. やり抜く意識
思考の地道なプロセスを丁寧に歩み、最終的なアウトプットを出し切るまでやり通すマインドである

Ⅳ. クリティカルシンキング
主体的な課題設定と論理的思考の両方を持ち合わせた思考である

Ⅰ．アジャイル志向

人事・組織の課題は会社全体に関わる課題であり、その分ステークホルダーも多い。その点は、これからも変わることはない。

ただ、これまでのように時間をかけて周到に設計し、ステークホルダーと折衝し、結果を経営層へ提案する考え方では、ビジネス変化のスピードが速い時代において時間がかかり過ぎる。今後は、まず粗い完成形をつくってトライアル実行し、フィードバックを受けて改善を繰り返す

考え方が有効である。

しかし、このような考え方が提唱されてから、既に数十年が経過しているにもかかわらず、人事の領域では定着していない。周到な設計・コミュニケーションが習慣化した結果、アジャイル志向とは反対のマインドセットが定着してきたためである。

人事プロフェッショナルがアジャイル志向になるためには、過去からの習慣の断ち切りが必要であり、人事担当役員が率先して変わらなければならない。

なお、人事プロフェッショナルがこのマインドを獲得するためには、前提として第3章で述べた「心理的安全性」を人事組織の中で実現する必要があることは述べておきたい。フィードバックが当然のように起こるため、それが「非難」や「ダメ出し」のように行われると、こういったマインドは育ちにくい。

Ⅱ．バリュー意識

上述したように、人事プロフェッショナルの定義を「人事に求められる価値提供を明確に認識し、相手（経営・ビジネスリーダー・従業員）にそれを説明出来て、かつ相手がそれを評価してくれるような人材」とした。

経営、ビジネスリーダーが求める価値は、ビジネスの変化とともに変動する。また、従業員の価値観は年々多様化している。その中で、毎年同じアクションで同等の評価を得ることなど出来ない。常にステークホルダーからフィードバックを受けて改善するマインドが必要である。当然、その前提として、そもそも自らが価値提供すべき相手は誰か、どのような価値を提供すべきか、を言語化出来ていなければならない。

Ⅲ．やり抜く意識

求められる価値も、そのためのアクションも流動的かつ、自ら提言・実行しなければならず、毎年同じ役割・職務を正確にこなすという状況とは真反対である。

その中で最も苦労するのが、「最後までやり抜く」ということであろう。役割・職務が決まっていればタスクも明確になるため、たとえその量が膨大であっても、ゴールが見えやすく、モチベーションを維持しやすい。しかし、今後は、そもそもどこまでやればゴールなのかを明確にしなければならない。また、状況が変化すればゴールも変わる。そのため、先の見えないレースを走っているような気分になることもあるだろう。

そのとき必要なのが、やり抜く意識である。やり抜く意識は「GRIT」と呼称され、様々な書籍でも紹介されている。

やり抜く意識は単なる精神論で語られる話ではない。流動的なアクションの提言・実行も、因数分解するとマイルストンと、それに向けたタスク・その期限の積み重ねなのである。因数分解してゴールとタスクを明確にして、自らやチームに安心感を与えることが本質であり、その作業を丁寧に行い自らも含めモチベートする意識がやり抜く意識なのである。テクニックとしてだが、因数分解の結果をWBS（Work Breakdown Structure）などのフレームワークを用いて可視化し、小さな「成功体験」を継続的に持ってもらう手法も存在するため活用したい。

Ⅳ．クリティカルシンキング

クリティカルシンキングは起こっている問題を明らかにして、適切な分析を加えて最適解にたどり着くための思考である。世界の大手企業などによって構成される非営利財団である世界経済フォーラムの2016年の年次総会（ダボス会議）において「2020年に必要なビジネススキル」の第2位に選出されるなど、世界的に注目されている。『入社1年目で知っておきたいクリティカルシンキングの教科書』（山中英嗣著／PHP研究所）の中で、クリティカルシンキングを論理的思考と主体的な課題設定の両方を持ち合わせた思考と定義し、クリティカルシンキングが出来る人材を「活きた場面で最適解を実践できる"意志"のある人材」と表している。問題を解決し、最適解を実践する上で論理的思考は必要な思考であることは間違いない。しかし、これだけでは十分ではない。この思

考だけが強い人材は、①正論しか言わず主体的な課題の掘り下げが出来ない、②批評しかできず代替案を示さないなど、「やっかい」で、様々な場面で反感を買うこともある。

　例えば当社が人事変革を支援する中で、論点とそれに対するオプションについて議論するが、いずれのオプションもある観点では論理的に正しく、また異なった観点では誤っていると整理出来ることがよくある。結局はどのような観点を重要視するか、によって最適解が変わるということである。このような場面においては、オプションに対する論理的な評価に加え、変革の目的や制約条件に照らしてどのような観点が重要か、を併せて考えることが必要となる。

5 人事プロフェッショナルに求められる役割・知識・スキル

　第3章において、事業への貢献度が高い人事を構成する要素として、I. チーフ・ヒューマン・リソース・オフィサー（CHRO）、II. HRビジネスパートナー（HRBP）、III. コミュニティー・オブ・エキスパティーズ（CoE）、IV. HRオペレーションズ（HR Ops）、V. 外部ネットワーク＆サービスを挙げて、それぞれの価値提供について述べた。

　これからの人事プロフェッショナルは、この各役割を担う人材としてそれぞれ定義されるため、ここではこの役割区分に従い知識・スキルを整理する（図5-8）。

Ⅰ．CHRO（チーフ・ヒューマン・リリース・オフィサー）

Ⅱ．HRBP（HRビジネスパートナー）

Ⅲ．CoE（コミュニティー・オブ・エキスパティーズ）を担う人事プロフェッショナル

Ⅳ．HR Ops（HRオペレーションズ）を担う人事プロフェッショナル

図 5-8：典型的な人事の組織体制と役割

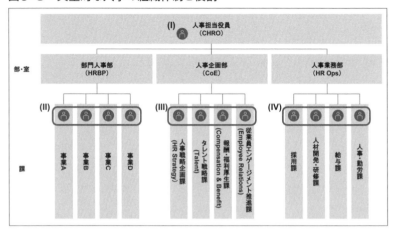

Ⅰ．チーフ・ヒューマン・リソース・オフィサー（CHRO）

　CHROは組織・人事の観点から全社的な意思決定をリードする「経営者」である。チーフ・エグゼクティブ・オフィサー（CEO）やチーフ・ファイナンシャル・オフィサー（CFO）等と協同しながら、経営資源を最適活用しなければならない。

　例えば、近年多様化する価値観や働き方に対してより柔軟な報酬制度を設計し、優秀な人材の獲得・リテンションを目指すとき、CHROは報酬に関する様々なアプローチの研究とそれらが人的資本の活用に与える影響の評価を踏まえて、全社的な意思決定をリードする。この時、従来活用してきたデータや分析手法では実現が不可能なアプローチも多く存在し、CHROだけでは最適な意思決定に導けないこともあると思う。そのような場面ではチーフ・インフォメーション・オフィサー（CIO）がアナリティクス機能の向上によって様々なアプローチの実現可能性を高めるサポートを行う必要がある。また、CFOは報酬制度の変革が全体のコストにどのように影響するか評価し、チーフ・リスク・オフィサー（CRO）は報酬分野における規制を踏まえた助言を行う。

　このように、CHROは、CXOのサポートを得ながらも、組織・人事における意思決定のリード主体にならなければならない。その他にも組

織・人事の観点からCHROが「経営者」として取り組むべきテーマは数多く存在する。デロイトが『グローバル・ヒューマン・キャピタル・トレンド2018』で整理したCHROが重点的に取り組むべきテーマを挙げておきたい（図5-9）。

図5-9：CHROのアジェンダ

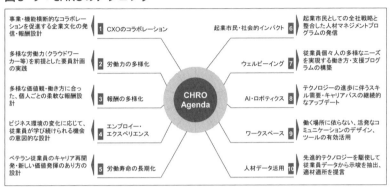

また、CHROは、自部門たる人事自身の価値を診断・変革し続けるプロフェッショナルでもあり、人事プロフェッショナルのキャリアゴールの1つでもある。人事自身の価値を変革し続けるために、CoE、HRBP、HR Opsといった各機能のミッションと、自らの全社的な意思決定を整合させ続ける必要がある。さらにミッションを実現するため、人事部員のキャリア・能力開発を推進し、人事プロフェッショナル育成に向けた方向性の策定や投資判断を行うこともCHROの重要な役割である。

以上を踏まえ、求められる役割や知識・スキルを整理した（図5-10）。

図 5 -10：CHROの期待役割と求められる能力・スキル

Ⅱ．HRビジネスパートナー（HRBP）

　HRBPは、ビジネスリーダーに伴走しなら事業変革をリードする人事・組織領域におけるプロフェッショナルである（図 5 -11）。

　HRBPの必要性は以前から語られてきたし、今後もその必要性に変わりはない。これから変わるのは、先にも述べた通りプロフェッショナリズムが求められる中で、HRBPが事業部の「御用聞き」ではなく、明確な価値提供領域とミッションを有することが求められるという点である。

　人事ガバナンスの考え方によって、現場部門と人事の役割分担は変わり得るため、効果として、HRBPの役割は曖昧になりやすい。しかしながら、この点を明確にしておかなければ、「御用聞き」から進化することはない。

　おさらいだが、プロフェッショナルとは自らが出す成果を相手に伝え評価を受けられる人材である。これからのHRBPは、ビジネス側との間で自らが出すべき成果を摺り合わせ、結果を出す人材である。

　また、HRBPはアジャイルな変革をリードする人材である。企業変革の最前線はビジネスの現場であり、そこで実験的な行動がなされなけれ

ばアジャイルな変革は起こりえない。近年は、中央集権的だった人事機能から、現場に一定の権限委譲・責任付加して多様化する人材の活用を推進する流れが見られる。その中で現場リーダーに求められる役割は大きくなっている。HRBPには、この現場リーダーの育成も求められる。

　HRBPに求められる役割は、コンサルタントに求められるスキルと類似する点が多い。HRBPに求められる役割を語る上で、営業職とコンサルティング営業職の違いを例にとって語ってみたい。後者に求められる役割が、HRBPに特に求められる役割を顕著に示している。

　営業職は、顧客に対して自社のソリューションを売り込む仕事だが、近年はIT業界を中心に多くの企業がコンサルティング営業を志向している。両者の大きな違いは、営業の初期フェーズにヒアリングと顧客の課題仮説を立てる段階が入るか否かである。前者でも顧客が置かれている状況を把握し、マッチするソリューションを提供するものの、そのソリューションをどのように活用するか、その結果として何をもって課題が解決されたと見做すのか、について顧客と議論することは少ない。

　一方で後者は、まず課題解決の方法を顧客と議論し、その中に手段として自社のソリューションを位置づけ、どのように課題解決を後押し出来るかを伝える。こうすることで、顧客はその営業職を単なるソリューション説明者ではなく、課題解決のパートナーとして認識する。

　HRBPに求められる役割も、現場のビジネスのパートナーであることから、主に必要なスキルは聞く力であり、課題を定義する力である。さらにコンサルティング営業職と異なるのは、社内の人材であり現場に「伴走」することも求められる点である。それゆえ、HRBPには、変革推進力やビジネスリーダーに対するコーチング力も求められる。

図5-11:HRBPの期待役割と求められる能力・スキル

Ⅲ. CoEを担う人事プロフェッショナル

CoEを担う人事プロフェッショナルは全社最適の視点を強く有する人事プロフェッショナルである。

HRBPと連携しながら、ビジネスの現場で起こっている状況を把握して全社の人材マネジメントに反映する。また、要員・人件費戦略、採用ブランディング、HRテクノロジーといった各人事機能の専門家でもある（図5-12）。先進的な事例やソリューションおよび社内で構想を行う上での考え方・フレームワークを身に着けている。

同時に、会社としての人事課題を定義し、データ分析とそれを踏まえた示唆・洞察をステークホルダーに示すことも求められる。

さらには実際に施策を設計するにあたっては、体制の組成やマイルストン・作業計画の策定をリードするプロジェクト管理のプロフェッショナルでもある。

とりわけHRテクノロジーの活用については、今後より一層重要なため言及しておきたい。HRテクノロジーによって実現する機能のうち、「見える化」と「モデル化」に着目したい。

価値観の多様化が加速する社会においては、「見える化」によって、掴みどころが難しい、人材の行動・感情・健康状態 等の傾向を把握すること、「モデル化」によって「こんな人材が多いはず」という思い込みを排除し、人事の打ち手をより効果的にすることが重要である。

　デロイトの『グローバル・ヒューマン・キャピタル・トレンド2018』では、回答者の84%が従業員データを分析・予想・パフォーマンス向上のために使用することを重要または非常に重要と回答している。また、既に69%もの企業が従業員に関するデータを分析するための統合システムを構築している最中で、17%がリアルタイム・ダッシュボードを既に導入済みと回答した。クリエイティブな企業では、豊富な情報源を採掘して包括的な「従業員に耳を傾ける仕組み」を作ろうとしている。従業員の経験価値や昇進、キャリア・モビリティ、評価などのデータに関して新しい洞察を行うことが狙いである。

　様々なデータを通じて情報収集を行い、結果を適切に読み解いて、改善に向けた課題へ導くことが重要であり、この点がCoEを担う人事プロフェッショナルの腕の見せ所である。

図5-12：CoEの期待役割と求められる能力・スキル

Ⅳ．HR Opsを担う人事プロフェッショナル

　HR Opsを担う人事プロフェッショナルは、従業員からの高度かつ専門的な内容を含む問い合わせに対応する。あたかも自らが設計したかのように対応するためには、様々な仕組み・制度の内容だけでなく思想や設計意図を理解し、聞き手の理解度に合わせたコミュニケーションに長けている必要がある。また、HR Opsを担う人事プロフェッショナルは「司令塔」でもある。グループ全社におけるオペレーション企画や、蓄積された多様な業務データを活用した提言が期待される。

　これまで優秀なHRオペレーターと呼ばれてきた人材は、現場で想定外の事象が起こった際に、高いコミュニケーション能力と人脈および人事知識をもって、円滑に事象を収束させられる人材だった。これからもそういった人材は欠かせないが、第3章で記載した通り、これからの従業員問い合わせなどの簡易対応はRPAやChatbotといった代替労働力が担うことが増えることが想定される。

　臨機応変な対応だけでは、人事プロフェッショナルとして生き残って

いくのは難しくなるだろう。

　HR Opsを担う人事プロフェッショナルはHRのオペレーションサービスの「遂行」にも、引き続き目を向けなければならない。ミス・エラーのないオペレーションの遂行に加えて、ITテクノロジーの適用やプロセス改革等を通じた業務標準化・最適化へ、より力点を変えていく必要がある。さらに、今後は「従業員やその他労働力が組織から得る経験価値（エンプロイー・エクスペリエンス）」への着目が必要である。

　その際にHR Opsを担う人事プロフェッショナルが今後より着目すべきことは「従業員やその他労働力が組織から得る経験価値（エンプロイー・エクスペリエンス）」である。従業員が経験価値を感じる場面は実務だけでなく社内の諸手続きやイベント等、社内の活動全般であり、HRオペレーションサービスもその場面の1つである。

　例えば様々な申請が紙媒体での申請であるか電子申請であるかや、問い合わせ受付が利用時間の限られる電話であるか、いつでも利用可能なChatbotであるかは、実務外の業務の生産性や職務そのものの満足度に影響を与える。HR Opsを担う人事プロフェッショナルは自部門が担う業務そのものだけでなく、そのサービスを受ける側の経験価値も評価の観点に加えて、業務標準化・最適化を推進することが求められる。（図5-13）。

図5-13：HRオペレーションサービスの期待役割と求められる能力・スキル

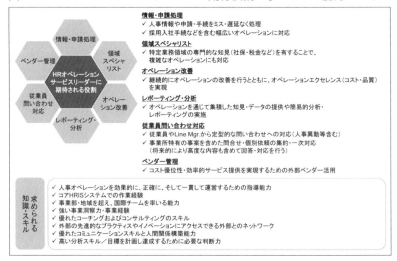

6 人事プロフェッショナルを育成するために

　これまで人事プロフェッショナルに求められる人材の要件を述べてきたが、問題になるのは、どうやって人材をプロフェッショナルとして育てていくか、ということであろう。

　人材育成は一朝一夕では成らず、中長期的目線で行っていくべきことであるが、まずどこから取り掛かるべきか、を見極めなければならない。会社の歴史やビジネス、人事の組織体制やそこに在籍する人材によって処方箋は異なるため、「こうすればうまくいく」というソリューションを示すことは難しいが、本書では人事プロフェッショナルを育成するにあたり押さえるべきポイントを記述する。

　効果的な人材育成を実現するために、満たすべき要件は次の5つであり、人事プロフェッショナルを育成する上でもこの5要件を満たすことが重要である（図5-14）。各要件の具体的なポイントを説明しながら、人材育成のトレンドとこれまでの人事プロフェッショナル育成との差異

にも着目する。

図5-14：人事プロフェッショナル育成の5つの要件

領域	あるべき状態
目指す姿・方針の提示	・人材が目指すべき姿やその実現に向けた会社としての支援の方針が誰の目にも明らかになっている
教育・研修(Off-JT)整備	・求められる人材を育成するための教育ニーズ把握のプロセスがある ・教育体系が整備され、タイムリーに最適な研修プログラムが提供されている
職務経験(OJT)の付与	・求められる人材が育つために必要な／効果的な職務経験がある ・周囲との効果的なインタラクションを通じた学習・成長の機会がある
体制・インフラの整備	・各人の育成課題の明確化(P)⇒職務経験・OJT／教育・研修(D)⇒モニタリング(C)⇒課題の見直し(A)といったサイクルが効果的に運用される体制の整備されている
学習する文化の醸成	・自ら自習する文化・教え合い学び合う文化がある ・文化を醸成するトップのコミットメントや情報発信、仕組みがある

①　目指す姿・方針の提示

　人事プロフェッショナルを育成する上では、前述してきた人事プロフェッショナルの人材要件が活用いただけると思う。留意すべきことは、こういった上位概念の構築に時間をかけすぎないことである。

　本書でも繰り返し述べているが、事業環境の変化が早く、求められる人事人材像やスキルも不透明で陳腐化も早い。そのような環境下で1年、2年かけて完璧な人事人材像の定義を練ったところで、出来上がったころには現状にそぐわないものになっている可能性がある。だからこそ、アジャイルに検証を加えていくことを前提として方針を組み上げて、育成の対象である人事部員と「ともに作り上げ、作り変え続ける」姿勢が重要であり、先進企業ではそれを実践している。

　目指す姿として、人材要件と併せて設定しておくべきものがキャリアパスである。その上で意識すべきことは、本章の前半でも述べている通り人事に所属する従業員の全てが終始人事としてのキャリアを積む人材ではないということである。

　先述したとおり、各企業における人事の位置づけは様々である。

例えば、新卒・中途とも職種別採用を採っている企業では、人事に所属する従業員の多くは人事を「原籍」としてキャリアを積む。また、一部の従業員は人事以外を「原籍」として、例えば将来経営を担うハイポテンシャル人材が会社経営の一端を知るために人事の業務を経験して、再び「原籍」の組織へ帰ってゆく。

　いわゆる「出世コース」の一部として人事の業務が位置づけられている。

　「人事を『原籍』とする従業員」と「人事以外を『原籍』とする従業員」が存在する中で人事プロフェッショナルのキャリアパスをどのように定めるべきか。

　等級段階や成長に要する年数は会社によって考え方が分かれるため一概には言えないものの、大きなステップとして下記の3ステップが考えられる。

Ⅰ．ステップ1：適性を見極める時期

　人事原籍従業員であれば、入社してから管理職手前までは、HRBP、CoE、HR Ops業務を幅広く経験し、いずれの領域を主たる貢献領域とするかを見極める時期であろう。

　人事以外を「原籍」とする従業員がこの時期に人事の業務を経験する場合、「原籍」と人事といずれでキャリアを積んでいくかも含め適性を見極めることになる。

Ⅱ．ステップ2：貢献し成果を創出する時期

　管理職に昇格後は、HRBP、CoE、HR Opsのいずれかの特定領域で、リーダーとして成果を創出する時期となる。ただし、将来的にCHROを担う可能性のあるハイポテンシャル人材は、複数の領域で役職に就き、成果を求められることもある。

　なお、人事以外を「原籍」とする従業員がこの時期に人事業務を経験する場合は、即戦力としての活躍が期待されることから、多くはビジネ

ス感覚を買われてHRBPとしての貢献を求められると考えられる。

Ⅲ．ステップ３：CHRO・各領域リードとして経営へ貢献する時期

　HRBP、CoE、HR Opsの領域において、チームマネジメントを担うことやCHROとして経営へ貢献することが期待される時期である。

②　教育・研修（Off-JT）整備

　人事プロフェッショナルを育成する上で、Off-JTも有効に活用したい。全社のために研修体系を構築する人事が、実は自らのOff-JTの検討が漏れる「灯台下暗し」の状態はよくみられる。その際は、上述した人事プロフェッショナルの人材要件と紐づけて体系立てることが必要である。

　ただし、構築した研修体験を必須化する「プッシュ型」ではなく「プル型」で提供することがポイントであろう。上述したように、求められるスキルや人材像が多様であるからこそ、従業員自らがコンテンツを見つけ、受講して自律的な能力開発を可能とする必要がある。

　デロイトの『グローバル・ヒューマン・キャピタル・トレンド2018』によると、グローバル企業の中には、自社内だけでなく巨大なオープン・オンライン・コースの両方からコンテンツを調達する新しいプラットフォームを活用し、学習ネットワークとナレッジ共有のためのシステムを構築している企業もある。

　また、第３章で記載した通り、育成機会（場所・時間・手法）の柔軟性を高め、かつ仮想的な失敗を重ねながら能力を開発する手段として、VRの活用が注目されている。

　eラーニング戦略研究所の全国の企業の教育研修担当者に対する調査結果によると、「VRを教育研修に導入している」と答えたのは１％だったものの、「導入したい」「導入を検討したい」は６割を超えた。

　海外では大手飲食企業での調理方法に関する研修、大手小売企業での接客・業務トレーニング等で活用されている。国内では、大手サービス企業での有事発生時の行動を学ぶための研修、大手インフラ企業では安

全教育等で活用されている。

　従来の研修では、①教えるたびにかかる人的コスト最適化、②教え方の標準化、③座学以上の学習効率が課題となっていたが、それを解消するための手段として注目されている。

③　職務経験（OJT）の付与

　人材育成を行う上で最も効果が高いのは、OJTである。

　OJTは大きく（1）職務へ就けること（アサインメント）と（2）課題解決に向けて導き、成長を実感させること（フィードバック）に分かれる。

　アサインメントについては、上述したキャリアパスも意識しながら、不用意に従業員の将来性を閉じる「囲い込み」を起こさないように意識しながら進めることが重要である。キャリアパスに照らした定期的な職務経験付与の状況のモニタリングや、人事内の組織・部門を横断した配置転換の検討が必要である。その中で、人材育成よりも足元の業務運営が優先されることも起こりうるだろう。上述した人事プロフェッショナル育成の目指す姿、方針や、育成計画との乖離が大きくなった場合には、限定的に配置転換の権限・責任の持ち方をトップダウンにするなどの工夫も必要である。また、社内だけでは必要な業務経験を付与出来ない可能性にも留意する必要がある。特にアジャイルで進める業務は社内で多くは生まれにくい。

　その際に検討すべきことが、「外向き」の経験である。広く社会を見渡すと、社内では希少な業務・役割でも社外では当たり前に存在するということがある。質の高い業務経験は人材育成の重要な材料である。

　その「外向き」の経験の1つに「社外における修羅場体験」がある。

　例えば、大手企業の人材にとって、ベンチャー企業において顧客基盤を1から構築したり、新規事業を速いスピードで立ち上げる経験や、中小企業において、知見が薄い中で幅広い領域をカバーする経験はまさしく「修羅場」であろう。その中で、アジャイル志向や、やり抜く意識と

いたマインドの獲得が期待される。

　近年は、出し手と受け手の人材マッチングや流動化の前の準備、および期間中のフォローを行うコーディネーターも増加しており、実現の素地は整ってきていると言える。

　加えて重要な材料がフィードバックである。しかしながら人事業務の特性は定量的な結果指標が得られにくく、かつ得られたとしても長期間経過後だということである。継続的かつタイムリーなフィードバックが得られやすいのは、人事の一歩外で働く環境であったりする。良質な業務経験とフィードバックを得られることが「外向き」の経験の意味にも繋がる。

④　体制・インフラの整備

　上述した「灯台下暗し」として、もう1つよくあるのが「『人事の人事』の不在」である。人事プロフェッショナルの人材育成や配置・異動を司る機能の不在ということだ。先ほどの①から③を整備することで、まずは最低限の準備は整うものの、状況をモニタリングするためのプロセスや重要ポジションのサクセッションの仕組み・会議体の整備が人事内で必要である。

⑤　学習する文化の醸成

　アメリカ国立訓練研究所の研究から導き出された「ラーニング・ピラミッド」という考え方がある。その考え方は、ストレッチングな課題へのチャレンジとその振り返りを通して学ぶことで効果的な学習が実現できるというものだ。仮に失敗しても、周囲がそれを単に責めるのではなく1つの学習機会として捉えて、ともに成長へ向けたアクションを考えるような行動が望ましいと思う。一方で当事者である本人は周囲に甘えることなく学習と成長への意欲を持ち続ける必要がある。

　このような行動特性（コンピテンシー）を社内に浸透させるためには、アクション・ラーニング型の研修施策や、コンピテンシーの評価基準へ

の落とし込みなどの工夫が考えられる。

7 本章のまとめ

　本章では、これまでの人事に求められた役割・スキル等を概観した上で、今後あるべき人事プロフェッショナルとその育成のポイントを述べてきた。特にあるべき人事プロフェッショナルについては、その人材要件を定める上で、たたき台となるよう各人材について具体的に記載したが、第4章のステップを経て議論された人事変革で目指す姿によっては、人事プロフェッショナルに求められる要件も異なるだろう。そこまでを一気通貫で検討することが人事変革を成し遂げる上では重要である。

　また、このような機会でもない限り、検討の機会を逃しがちなのも、この人材育成の領域であるとも言える。ぜひ「アジャイル」な志向で、試行を繰り返しながら、これからの人事人材の姿とその育成体系の構想を行うことをお勧めしたい。

おわりに

人事は構造的な課題を抱えている

　本書をきっかけに、直近2～3年に人事変革をご支援させていただいたクライアント企業数をカウントしてみたところ50社を優に超えた（当社の組織・人事コンサルティングチームの件数合計）。そして、このあとがきを執筆している2019年12月現在、人事変革に向けて悩まれるクライアント企業の数は増加の一途をたどっている。

　私自身も長年にわたり、組織・人事コンサルタントという仕事をしているが、ここまで1つのテーマが連続するケースも珍しい。改めて、今人事を取り巻く環境に何が起きているのか、特に企業内の観点から振り返ってみたい。

　1つめは、外部環境の急変を受け、人事の顧客である経営者、従業員等から人事機能の高度化要請が急増していることが挙げられる。

　その主な人事機能は、人材ポートフォリオ構築、要員・人件費計画策定、組織風土改善プログラムの実行、タレントマネジメント戦略・実行、人材獲得戦略・実行である（第2章と第4章のStep 3参照）。ただ当の人事は給与計算や採用面談、問い合わせ対応といったオペレーション業務に追われている。

　オペレーション業務をできるだけ効率化して、これら戦略・企画業務にシフトしたいが、オペレーションを中心に担ってきた人事人材がいきなり当業務を担うことはスキル的・マインド的に難しい。人事プロフェッショナルが育っていないためだ。オペレーション過多、戦略業務の担い手不足に改革は行き詰まってしまい、結果、今の戦力でできることを考えてしまう、または今まで通りの人事業務をやり続けてしまう。そして人事の顧客からは不満の声が上がる。

　2つめは、人事の中の役割分担や組織体制が複雑になってしまったことが人事機能発揮を阻害していることが挙げられる。

本社、部門人事、事業所人事、グループ会社人事、グループ内のシェアードサービスセンターなど、大企業になればなるほど、色んな場所に人事が存在する。過去からの積み上げでつぎはぎの組織体制を構築してきた結果、役割分担も曖昧になり、人事組織全体のガバナンスも不全となってしまった。このような中で、各人事はそれぞれの立場で機能発揮しようとするが、人事の顧客が求める複雑なニーズに対して答えようとすればするほど、人事間で連携しながら進めなければならない。ところが人事全体にガバナンスが効いていないから連携がうまくできない。さてどうしようと各人事は考え、時間ばかりが過ぎてしまう。

　このように、過去からの積み重ねで成り立ってきた人事の在り方が構造的に立ちいかなくなってきていることが見て取れる。人事機能の在り方、人事内の役割分担・組織体制、人事内のガバナンス（含：意思決定プロセス）、そして人事人材の育成、全てが連動しているため部分的な治療ではうまくいかない、それゆえ、人事担当役員（または経営）は危機感を感じ、人事変革への着手の必要性をここ2〜3年で本気で考え始めたのだろう。

人事変革で成功するために絶対外してはいけないこと

　それではこのような構造的な課題を抱える人事において、改革を成功させるためにはどうすればよいのだろうか。

　これまでご支援をさせていただいたクライアント企業の成功事例を踏まえながら、人事変革を成功させるための5つのポイントを改めて整理したい（ここでは特に進め方や人の巻き込み方についてフォーカスをしている）。

1.　人事変革コンセプトを言語化すること

　人事変革コンセプトとは、「なぜ今変わらないといけないのか（Why）」と「人事はどう変わらないといけないのか（What）」である。人事変革は長期にわたる改革となる。2〜3年かけて実行する企業も存

在する。それゆえ、施策実行局面に入ると、改革疲れが起きないよう、小さな成功体験の必要性が繰り返し問われ、短期施策が実行される。しかし、ここでコンセプトがないと、いつの間にか短期施策の実行で満足して、変革が止まってしまう。そして、人事メンバーからは「そもそも何のためにこれをやっていたのですか？」といった言葉も出てくる。変革責任者も、頭ではコンセプトを作ることの重要性を理解していても、なぜかすぐに「どのようにやるか（HOW）」に目線がいってしまう。人間とはそういうものなのだろう。だからいっそのこと機械的にやってしまったほうが良い。人事を変えたいと思ったら、まずは人事変革コンセプトを紙に書いてみることだ。

※なお、ここでいうありがちな短期施策とは目先の業務改善施策を指している。

2.　人事担当役員またはそれに相当する方がプロジェクトをリードし、意思決定をタイムリーに確実に行うこと

　人事担当役員クラスがリードする意味は全体最適・コンフリクト解消という意味にとどまらない。人事変革を確実に達成するためには意思決定が必要だ。

　ここでもよくありがちなケースがある。皆で一生懸命に考えて、やるべきことが具体化され、きちんと実行されれば成果が上がりそうな雰囲気も出てきた。そんなある時、人事の若手メンバーがつぶやく。

　「この施策は誰が承認したら前に進めることができるのですか？」

　どんなに考えて計画がなされても、適切に意思決定がなされ、実行に移されなければ絵に描いた餅である。これも1．と同様に皆、頭では理解している。然るべき意思決定者が然るべきタイミングで意思決定をし続け、前に物事を進めない限り、人事変革は頓挫してしまう。

　なお、人事担当役員がうまく舵取りができないケースもあるだろう。この場合は、人事担当役員に近いポジションの方で、人事変革に強い思いと実行力を持った人にリーダーになってもらおう。

3. 施策の実行者自身が実行プランを考えること

通常、プロジェクトチームが組成されると、検討をリードする事務局的な役割が設置される。そして事務局が人事担当役員クラスと議論しながら、人事変革コンセプトおよび具体的な中身を検討していく。一通りの設計が完了すると、施策を実行するための人材が集められ、事務局からトップダウン的に施策実行を要請されるケースがある。

事務局メンバーは侃々諤々議論をしてきたため熱量も高い。一方で、施策実行段階から巻き込まれ、よく分からないまま施策実行と言われても、その他メンバーは同様の熱量をもちにくい。時には、「こんな施策は実行できない。事務局は分かっていない」となり、対立構造になるケースも見かける。事務局はあくまで案の提示にとどめ（この伝え方が重要）、実際の施策の設計は実行メンバーが実施し、まずは自分ごと化してもらうことが必要だ。

なお、実行メンバーには、その施策内容に精通しており、本当に変えたいと思っている人が配置されるべきである。役職で選んではいけない。

4. 施策の実行者には専任メンバーを充てること

改革意識が高い人材は、社内でも希少・貴重な人材なため、複数の難しい仕事を抱え、忙しいことが常だ。でもこういう人材がコミットしなければ改革の成功はおぼつかない。このような人材を専任で充てることは現実的ではない一方、長期にわたる改革を確実に実行するためには片手間では実行困難であろう。やはり専任メンバーが必要である。

成功例としては、改革意識の高い人材に一程度のコミットメントを促しながら、その人材に信頼できるメンバーを選定してもらい、プロジェクト専任メンバー化することだ。もちろん、その専任メンバーが普段持っている業務をどうするかという問題が起きる。3．で記載した通り、人事担当役員クラスが業務の再配置を即座に人事内に伝達し、人事内の役割分担見直しを意思決定しなければならない。

5. 抵抗勢力は想像している以上に多いと思うこと

　我々はよく組織にいる「人材の能力分布」を2－6－2の原則で考える。上位20%が優秀層、60%が中間層、そして20%が下位層という分布になるという考え方だ。しかし、第2章のコラムで記載した通り、「改革に対する意識レベル」を複数の会社で調査したところ、異なる結果が出てきた。改革意識の高い層は30%程度、中間層は20%程度、改革意識の低い層が50%という結果であった。

　改革意識の低い層とは、抵抗勢力になりうる層でもある。これが意味しているのは、人の能力を2－6－2で見るのと同様に、改革意識レベルを見ると、対応を誤る可能性があるということだ。例えば、複数名が改革に対してネガティブな発言をしたときに、2－6－2の考え方で見ると、一部の方が言っているだけだから無視してもよい、という判断が起こりうる。しかし実態は50%程度の人がネガティブな反応を示しているとしたら対応は変わるはずだ。このようなネガティブ反応に丁寧に対応しなければ、人事変革は止まってしまう。ネガティブな意見は貴重な意見であり、しかも多数の意見であるかもしれないと受け止め、先送りせずに、その場その場できちんと対応策を検討したい。

最後に

　本書では、人事を取り巻く環境変化、人事が機能不全に陥っている状況、人事に求められる役割、人事人材育成も含めた人事変革の進め方について述べてきた。人事に従事している方にとっては、少々厳しさを感じる言葉・表現等があったかもしれないが、読者の皆さんに人事変革の必要性・重要性を解り易く伝えたいがために、あえてそのような言葉・表現を使用している点はご了承いただきたい。

　これから先、環境変化のスピードが緩むことはないだろう。もっと加速する可能性すらある。そのような中で、人事は企業を通じて、「従業員一人ひとり（個人）」、「経営」、「社会」に対して、影響を及ぼす存在へとその価値が高まっていく。企業が世界で勝っていくための中核的な役割を担うことはもちろん、世界そのものを変えていく存在になりうる

ということだ。これからの人事の仕事は非常にタフになるが、挑戦的で面白い仕事の1つになることを確信している。

　これからの世界に大きな影響を与える人事は私たちの一歩から変えられる。

2019年12月　著者

参考文献・資料

第1章

- エデルマン・トラストバロメーター（2018）「エデルマン・トラストバロメーター」https://www.edelman.jp/research/trust-barometer-2018
- デロイト（2019）「グローバル・ヒューマン・キャピタル・トレンド2019」https://www2.deloitte.com/jp/ja/pages/human-capital/articles/hcm/global-hc-trends.html
- EKU Online, "Work-related stress on employees health," accessed March 2, 2018.
- 帝国データバンク（2019）「人手不足に対する企業の動向調査（2019年1月）」https://www.tdb.co.jp/report/watching/press/pdf/p190207.pdf
- デロイト（2019）「企業が適合すべき、ミレニアル世代の働き方・価値観の変化 ～2019年 デロイト ミレニアル年次調査 日本語版 社会不和と技術革新によりディスラプトされた世代～」https://www2.deloitte.com/jp/ja/pages/about-deloitte/articles/about-deloitte-japan/millennial-survey.html
- ショーン・エイカー（2011）『幸福優位7つの法則』徳間書店
- 法政大学（2015）「転勤の実態把握に関する調査（個人調査）」
- スチュワート・フリードマン（2018）『How Our Careers Affect Our Children』
- コロンビア大学ソーニャ・リュボミルスキーらが発表した調査（2005）「The Benefits of Frequent Positive Affect」
- Deloitte（2014）「The Datafication of HR」https://www2.deloitte.com/us/en/insights/deloitte-review/issue-14/dr14-datafication-of-hr.html
- Deloitte（2017）「The High-Impact HR Operating Model」https://www2.deloitte.com/global/en/pages/human-capital/articles/high-impact-hr.html
- マイケル・E・ポーター（2011）「共通価値の戦略」
- 外務省（2015）「JAPAN SDGs Action Platform」https://www.mofa.go.jp/mofaj/gaiko/oda/sdgs/index.html
- 企業活力研究所（2017）「社会課題（SDGs等）解決に向けた取り組みと国際機関・政府・産業界の連携のあり方に関する調査研究報告書」https://www.meti.go.jp/policy/economy/keiei_innovation/kigyoukaikei/pdf/csrreports29report.pdf
- デロイト（2017）「「SDGsビジネス」の市場規模」https://www2.deloitte.com/jp/ja/pages/about-deloitte/articles/dtc/sdgs-market-size.html

- 厚生労働省（2012）「ディーセント・ワークと企業経営に関する調査研究事業報告書」https://www.mhlw.go.jp/bunya/roudouseisaku/decentwork.html
- リクルートワークス研究所（2018）「人生100年時代のライフキャリア」https://www.works-i.com/project/100.html
- 内閣府（2016）「社会意識に関する世論調査」https://survey.gov-online.go.jp/h27/h27-shakai/index.html

第2章

- 日本の人事部（2018）「人事白書2018」https://www.jinjibu.jp/research/2018/

第3章

- デロイト（2016）「グローバル・ヒューマン・キャピタル・トレンド2016」https://www2.deloitte.com/jp/ja/pages/human-capital/articles/hcm/global-hc-trends-2016.html
- ロバート・M・グラント（2008）『グラント現代戦略分析』中央経済社
- 琴坂将広（2018）『経営戦略原論』東洋経済新報社
- H. ミンツバーク（2012）『戦略サファリ』東洋経済新報社
- J.R. ボイド（1996）「The Essence of Winning and Losing」https://danford.net/boyd/essence4.htm
- A.G. ラフリー（2009）『ゲームの変革者：イノベーションで収益を伸ばす』日本経済新聞出版社
- 日経新聞（2018）「イノベーション力、米IT突出　トヨタ11位・楽天33位〜日経・一橋大「イノベーション力」ランキング〜」https://www.nikkei.com/article/DGXMZO39102650Y8A211C1000000/
- デロイト（2012）「日本企業のイノベーション実態調査結果報告」https://www2.deloitte.com/jp/ja/pages/strategy/articles/cbs/innovation-research.html
- E. シュミット（2014）『How Google Works』日本経済新聞出版社
- F. ラルー（2018）『ティール組織』英治出版
- C. クリステンセン（2012）『イノベーションのDNA』翔泳社

第4章

- 三隅二不二（1966）『新しいリーダーシップ 集団指導の行動科学』ダイヤモンド社

第5章

- デイビッド ウルリッチ（1997）『MBAの人材戦略』日本能率協会マネジメントセンター
- HR総研「HR総研：人事の課題とキャリアに関する調査　人事の課題」 https://www.hrpro.co.jp/research_detail.php?r_no=208
- 労務行政研究所（2011）「人事担当者の育成と『学び』に関するアンケート」 3812号 pp.80-111
- 労務行政研究所（2013）「人事担当者の現状と方向性」3851号 pp.18-56
- デロイト（2018）「グローバル・ヒューマン・キャピタル・トレンド2018」 https://www2.deloitte.com/jp/ja/pages/human-capital/articles/hcm/global-hc-trends-2018.html
- 山中英嗣（2011）「入社1年目で知っておきたいクリティカルシンキングの教科書」PHP研究所

著者・執筆協力者プロフィール

＜著者＞
デロイト トーマツ コンサルティング合同会社
デロイトの一員として日本のコンサルティングサービスを担い、デロイトおよびデロイト トーマツ グループで有する監査・税務・法務・コンサルティング・ファイナンシャルアドバイザリーの総合力と国際力を活かし、あらゆる組織・機能に対応したサービスとあらゆるセクターに対応したサービスで、提言と戦略立案から実行まで一貫して支援するファーム。2,700名規模のコンサルタントが、デロイトの各国現地事務所と連携して、世界中のリージョン、エリアに最適なサービスを提供できる体制を有している。

小野 隆（おの たかし）　　執行役員　パートナー
ヒューマンキャピタル　HRトランスフォーメーション部門の事業責任者
人事領域の機能・組織・業務・人材の変革について、HRTテクノロジー、デジタルHR、BPR、チェンジマネジメント等の観点から支援している。
グループ組織再編・M&Aにおけるグループ人材マネジメント、人事PMI、SSC設立等において豊富な経験を持つ。

福村 直哉（ふくむら なおや）　　アソシエイトディレクター
ヒューマンキャピタル　HRトランスフォーメーション HR Strategyリード
経営・事業・従業員に貢献する人事機能の再構築、人事組織再編（含：SSC / BPO）、テクノロジーを活用した人事業務改善、人事人材のプロフェッショナル化、人事コスト構造変革等、人事変革に必要なあらゆる支援を実施している。

岡田 幸士（おかだ こうじ）　　マネジャー
大手外食企業にて人事戦略策定・制度設計・労政等を経験した後、現職。
人事変革や人事組織設計のプロジェクトの他に、人事PMI、グローバル/グループ人事制度の設計、人事業務改革やチェンジマネジメントなど幅広いプロジェクトに従事。

＜執筆協力者＞

小谷 亮太（こたに りょうた）　マネジャー
事業会社にて人事制度・オペレーション変革・人事システム導入・働き方改革対応などを経て現職。人事に関する制度・組織・業務・システムなどの構想策定のほか、プロセス変革などの実行体制構築まで幅広いプロジェクトに従事。

小林 光（こばやし ひかる）　シニアコンサルタント
大企業における全社の働き方改革・働き甲斐向上に向けた各種施策検討・導入の推進、人事機能の将来像の具体化と実現に向けた実行支援など、企業全体を対象とした人事施策から人事組織の変革まで幅広いプロジェクトに従事。

馬場 裕矢（ばば ゆうや）　シニアコンサルタント
大手総合電機メーカーにて評価・報酬 等のオペレーション業務を経験した後、現職。グループ再編に伴う人事PMIや人材育成の制度・実行体制構築、多数の人事制度設計のほか、人事機能設計やオペレーション改革などのプロジェクトに従事。

福島 啓（ふくしま ひらく）　シニアコンサルタント
本社機能の再編や組織統合、SSC設立など多様な局面における人事機能・組織変革のデザインおよび実行支援、人事を含む間接部門全体のオペレーション改革や人事制度改革などのプロジェクトに従事。

大森 芳美　　シニアコンサルタント
白水 潤　　シニアコンサルタント
田中 祥平　　シニアコンサルタント
金井 理紗　　コンサルタント
坂本 渉　　コンサルタント
望月 賢太郎　　コンサルタント

最強組織をつくる人事変革の教科書

2019年12月30日　　　初版第1刷発行

著　者 —— デロイト トーマツコンサルティング合同会社
　　　　　小野 隆、福村 直哉、岡田 幸士
　　　　　©2019 Deloitte Tohmatsu Consulting LLC
発行者 —— 張　士洛
発行所 —— 日本能率協会マネジメントセンター
〒103-6009　東京都中央区日本橋　2-7-1 東京日本橋タワー
ＴＥＬ03（6362）4339（編集）／03（6362）4558（販売）
ＦＡＸ03（3272）8128（編集）／03（3272）8127（販売）
http://www.jmam.co.jp/

装　　丁 —— 木内 豊
本文ＤＴＰ —— 株式会社明昌堂
印　刷　所 —— 広研印刷株式会社
製　本　所 —— 株式会社新寿堂

本書の内容の一部または全部を無断で複写複製（コピー）することは、法律で認められた場合を除き、著作者および出版者の権利の侵害となりますので、あらかじめ小社あて許諾を求めてください。

ISBN 978-4-8207-2766-8　C 2034
落丁・乱丁はおとりかえします。
PRINTED IN JAPAN